01

영토와 국민

북태평양 중에서도 한국의 동쪽에 자리하고 있는 일본 열도는 본섬 4개로 이루어져 있다. 바로 홋카이도, 혼슈, 시코쿠, 규슈이며, 이 섬들이 일본 영토의 98%를 차지한다. 나머지 2%는 류큐 제도를 포함한 수많은 작은 섬들이다. 이외에도 해안 지대를 둘러싸고 남쪽으로 뻗어 있는 아주 작은 섬들이 무려 3,000개에 달한다.

위치

북태평양 중에서도 한국의 동쪽에 자리하고 있는 일본 열도는 본섬 4개로 이루어져 있다. 바로 홋카이도, 혼슈(땅 덩어리의 60%를 차지하는 가장 큰 섬), 시코쿠(가장 작은 섬), 규슈이며, 이 섬들이 일본 영토의 98%를 차지한다. 나머지는 류쿠열도를 포함한 수많은 작은 섬들로 이루어져 있으며, 이 중 가장 큰 섬은 오키나와이다. 도쿄에서 1,500킬로미터밖에 떨어져 있지 않은 류쿠열도는 남규슈 가고시마와 대만 사이에 일렬로 늘어서 있으며, 이외에도 해안 지대를 둘러싸고 남쪽으로 뻗어있는 아주 작은 섬들이 수백 개에 달한다.

전체적으로 일본은 프랑스나 스페인보다는 조금 작고 이탈리아나 영국 제도보다는 살짝 크며, 세계 대륙의 0.3%를 차지하고 있다. 주요 섬들은 북위 30도의 남규슈에서부터 북위 45도의 북홋카이도까지 '활 모양'으로 뻗어 있다. 북위 20도 대에 있는 오키나와와 같은 남쪽의 군도까지 모두 포함시키면 그 거리는 3,800km에 이른다.

대한해협은 일본과 한국을 나누고 있으며 폭은 180km다. 일본 남서부와 거기에서 가장 가까운 중국의 해안 사이에는 약 800km의 공해가 펼쳐져 있다.

국토

일본은 그 중심을 따라 가파르고 험난한 산맥 6개가 뻗어 있어 진귀한 경치를 만들어낸다. 또한 태평양의 '불의 고리' 안에 위치한 지질학적 특성 때문에 군데군데 화산도 찾아볼 수 있다. 100개가 넘는 화산 중 약 77개는 (실제로 활동 중인 것은 거의 없는데도) 활화산으로 지정되어 있다. 그중에서도 특히 혼슈 중부의 반다이와 아사마가 화산으로 유명하다. 규슈에 있는 운젠과 사쿠라지마 역시 현재 활성기에 들어 있는 상태다. 높이 3,776m로 일본에서 가장 높은 후지산 역시 1707년 마지막으로 폭발했지만 아직도 활화산으로 분류되어 있다. 일본 중앙부는 참나무, 너도밤나무, 단풍나무 등 여러 품종의 나무들이 1,800m 고도까지 산을 빽빽하게 뒤덮고 있다.

20세기 후반 극적인 경제 성장기 동안 일본에서는 국토 부족 문제가 대두되었고, 결국 간척의 가능성에 주의가 집중되었다. 그 결과 굉장히 비용이 많이 들고 힘든 간척 사업이 일본

각지에서 벌어졌다(지금도 진행 중인 곳이 있다). 그리하여 일본 면적의 약 0.5%에 달하는 소중한 건축 용지가 새롭게 마련되었다. 도쿄(특히 도쿄 만)와 오사카 같은 현대적인 산업 도시 주변에 광대한 지역이 새롭게 추가된 것이다. 가장 주목할 만한 것은 고베 항 인근 포트 아일랜드, 로코 아일랜드와 인접한 섬들의 탄생이었다.

그뿐만 아니라 매년 7cm씩 가라앉고 있다고 알려진 새로 지은 간사이공항 역시 마찬가지로 간척 사업으로 지어진 곳이다. 이 때문에 인근 산에서는 수백만 톤의 흙과 바위가 사라

<카나가와의 큰 파도> 호쿠사이의 우키요에, 1829-33년.
이 목판화는 쓰나미 장면을 묘사한 것으로 추정된다.

졌다. 이는 생명을 건 심각한 문제에 철저하게 실용적인 관점으로 접근하는 일본식 해결법을 여실히 보여준다. 한편 내해는 좀 덜하지만 전 일본의 해안 지역은 폭풍 피해와 쓰나미의 위험에 노출되어 있다. 쓰나미란 지진 활동 때문에 생기는 거대한 파도로, 2011년 일본 북동부 (도호쿠 지역) 대지진 당시 엄청난 쓰나미로 많은 주민들이 피해를 입었다.

기후와 계절

사람들은 일본에서 (깔끔하게 정돈된 단정한 정원만 봐도 느껴지는) 세련된 미학, 정교한 예술 형식, 문화적 우아함이 만들어졌다는 사실이 매우 역설적이라고 생각한다. 왜냐하면 일본의 섬들은 세계에서 지질학적으로 가장 위험한 지역에 걸쳐져 있기 때문이다. 일본 열도 아래에서는 북아메리카판, 태평양판, 유라시아판, 필리핀판이라는 4개의 지질구조판이 만나고 있으며, 이곳은 굉장히 위험한 기후대 중 한 곳이기도 하다.

일본의 기후는 태평양 기후와 아시아 대륙 기후라는 두 기후가 서로 충돌하며 만들어낸 결과다. 그렇다보니 1년 중 기상 변화가 굉장히 심해 눈이 쏟아지는 낮은 기온부터 굉장한 위력의 태풍과 참을 수 없이 높은 습도까지 모두 경험할 수 있다. 일반적으로 '일본이 이루어낸 업적'은 이런 물리적인 어려움을 극복하고 성취한 것이기에 더 의미가 있다고 할 수 있다.

하지만 일본인들은 스스로 그런 '업적'의 개념을 매우 깨지기 쉬운 덧없는 것으로 여기기 때문에 삶과 마찬가지로 봄에 잠깐 피었다 사라지는 벚꽃에 비유한다. 일본인들은 이 자연 현상을 야외 이벤트, 공적이거나 사적인 '감상', 시 쓰기 등으로 기념한다. 날이 따뜻해지면 이른 3월 남규슈를 시작으로 시코쿠와 혼슈를 지나 북홋카이도까지 1,800km에 달하는 지역에 6주 동안 벚꽃 개화 쇼가 펼쳐진다.

일본은 계절의 변화가 매우 뚜렷하며 동부와 서부, 산악 지대와 평지의 기후가 눈에 띄게 다르다. 도쿄는 가장 큰 해양 평야인 간토 평야에 있어서 여름 평균 기온은 25도에 매우 습도가 높고 겨울 평균 기온은 4도다. 가장 날씨가 맑은 달은 12월과 1월이며, 가장 습한 때는 6월과 9월이다. 봄(3월부터 5월)과 가을(9월 중순부터 11월 말)이 최고로 꼽히는데 일반적으로 그때가 맑고 화창해 청명한 푸른 하늘을 볼 수 있기 때문이다. 가을에는 나뭇잎이, 특히 단풍나무가 빨갛고 노랗게 물드는 것까지 볼 수 있다. 벚꽃 시즌 때와 마찬가지로 단풍 시즌도 야유회나 여행이 많다.

계절과는 상관없이 일본은 자주 '습해지며', 늘 '우산'이 필요한 곳이라는 사실을 기억해둘 필요가 있다! 실제로 우산이 필요할 때는 호텔, 사무실, 식당, 절 등 어느 곳에서나 쉽게 구할 수 있다.

지진

일본에서 지진은 어디에서나 빈번하게 일어난다. 대부분이 약해서 눈치 채지 못하고 넘어가는 경우가 많기는 하지만, 그래도 대참사의 공포는 여전히 존재한다. 1995년 1월 고베 지진, 2011년 3월 도호쿠 지역 센다이 근방 동해안에서 일어난 쓰나미와 강지진, 2016년 4월 구마모토 지진 등이 근래에 일어난 것들이다.

심각한 떨림이 감지되면 도시 가스 공급이 자동으로 중단된다. 판매하는 상업용 석유 히터에는 소화 장치가 딸려 있어야 한다. 모든 지역에서는 정기적으로 지진 대피 훈련을 시행

· 2011년 동일본 대지진 ·

2011년 3월 11일 오후 2시 46분 일본 역사상 최악의 지진이 일어났다. 진앙지는 센다이 근처 동쪽 해안에서 130.4㎞ 떨어진 곳이다. 이후 이어진 쓰나미는 상상할 수도 없을 정도로 큰 규모였다. 북동 해안 563㎞를 따라 도시와 농촌이 끔찍한 피해를 입었으며 일부는 완전히 파도에 휩쓸려 사라지기도 했다. 확인된 인명 손실만 1만 5,900명에 2,500명은 아직도 실종 상태다. 하필 영하의 기온이 이어져 이 대규모 재앙은 더 악화되었고 구조대가 접근하는 데도 매우 어려웠다. 또한 쓰나미에 침수되었던 후쿠시마 원자력 발전소의 방사능 유출도 장기적으로 심각한 문제가 되었다.

경제적, 사회적 복구 과정은 더딘 상태이며 일부 지역 주민들은 다시 그곳으로 돌아올 생각이 없어 어쩌면 원상 복구에 30년 이상이 걸릴 수도 있다. 자치 정부와 중앙 정부는 대대적인 파괴 상황에 약속했던 회복과 재건축의 수준을 아직 충족시키지 못했다. 하지만 전 세계는 일본 국민들이 놀라울 정도의 용기와 품위로 이 끔찍한 트라우마를 받아들이고 인정하는 것을 목격했다.

더 최근에는 2016년 4월 규슈 구마모토 남쪽 지역에서 지진이 두 차례 일어나 40명이 넘는 사람이 죽고 3,000명 이상이 부상당했다. 지진학자들은 여전히 대지진이 70년을 주기로 일어난다는 가설을 믿고 있다. 마지막으로 도쿄에서 큰 지진이 일어났던 것은 1923년 9월 1일이다.

해야 하며, 가정에서는 비상 생존 키트를 구비하고 있어야 한다. 이 키트는 가게에서 쉽게 구할 수 있다. 호텔 역시 대피 훈련에 동참해야 하며 설계와 대피 절차에서 모두 철저하게 안전 검사를 받아야 한다.

쌀과 생선

많은 강우량과 더운 여름 날씨 덕분에 일본의 주식인 쌀은 저지대 대부분에서 재배할 수 있다. 놀랍게도 감자 재배와 겨울철 얼음 조각 축제로도 유명한 홋카이도 북쪽 섬도 주요 쌀 재배지 중 하나다.

일본 국토의 70%는 산지이며 평야의 4분의 1도 안 되는 곳에 사람들이 정착해서 농사를 짓고 있기 때문에 일본인들은 수 세기 동안 계단식 논 농작법을 발전시켜 왔다. 일본 남부 지역에서는 공중에서 비행기를 타고 내려다보면 산비탈을 따라 매우 복잡하고 진기한 무늬를 볼 수 있다.

주식으로서의 쌀은 많은 장점이 있다. 특히 매년 연달아 같은 논에서 경작을 할 수 있다. 게다가 수 세기 동안, 그러니까 쇼토쿠 태자가 일본을 68개의 행정 구역으로 나누었던 8세기부터 1868년 메이지 유신 때까지 쌀은 화폐로 사용되었다. 이 행정 구역의 평판과 행복은 생산하는 쌀의 양에 좌지우지되었으며 당연히 쌀 생산량에 따라 세금이 부과되었다. 어쩌면 당연하게도 일본 정부는 국제 가격의 10배에 달하는 돈을 지불하고서라도 자국에서 쌀을 재배하는 농부들을 보호하고 있다. 아마도 현재 일본의 생활상을 계속 지켜나가기 위한 노력일 것이다. 주된 품종은 단립종 백미, 자포니카 종으로 요리를 하면 찰기가 있어 젓가락으로 쉽게 먹을 수 있다.

일본인들의 또 다른 주식은 생선이다. 최근에는 탄수화물과 함께 육류의 소비도 점점 증가하고 있지만, 그래도 일본인들은 단백질 섭취의 50% 이상을 생선에 의존한다. 일본인들은 오징어, 새우, 킹크랩 등 작은 낚싯배가 현지 인근 섬에서 잡은 다양한 해산물을 즐긴다. 원양 어업으로 참치 그리고 논란이 많은 고래를 잡기도 한다. 역사적으로 고래 고기는 외딴 일부 지역에서만 먹었다고 알려져 있으나, 포경 문제는 아직도 해결해야 할 사안으로 남아 있다. 그러나 고래 뼈가 여성용 머리 장식을 포함해 다양한 도구를 만드는 데 사용된다는 사실이 이미 밝혀져 있다. 그러므로 고래 고기의 광범위한 소비는 낚시

농경지가 부족했던 일본의 쌀 농사꾼들은 수 세기에 걸쳐 가파른 산비탈에 계단식 논을 만들었다.

기술과 선박 관리의 발전에 기인한 것으로 상대적으로 최근에 와서 새롭게 대두된 문제라고 할 수 있다. 2018년 12월, 일본 정부는 상업적인 포경을 금지하는 국제 포경 위원회에서 탈퇴할 것이라 선언했다. 하지만 이 역시 논쟁을 불러일으키는 이슈로 남아 있다.

전통적인 어업 외에 양식업도 엄청난 규모를 자랑한다. 양식업은 여러 물고기뿐만 아니라 굴, 홍합, 새우, 먹을 수 있는 해조류 등을 바닷물을 가둔 곳 또는 물탱크, 호수 등에서 키우는 것을 말한다.

연결된 일본

편리한 생활과 정치적인 편의에 대한 필요조건의 일환으로서 일본 본섬 4개에 쉽게 접근할 수 있는 방법이 필요했다. 그 결과 세계가 주목할 만한 공학 기술의 위업을 달성하게 되었는데 그중에서도 특히 세이칸 터널의 완공이 큰 의미가 있다. 혼슈와 홋카이도를 연결하는 이 터널은 20년 공사 끝에 1988년 문을 열었다. 끝에서 끝까지의 길이가 54km에 달한다. 혼슈와 시코쿠는 3개의 현수교로 연결되어 있다. 그중 가장 긴 아카시 대교는 왕복 6차선에 3,911m다.

아와지섬과 혼슈를 연결하는 아카시 해협 대교

일본인, 그 간략한 역사

【 기원 】

학자들은 아직도 일본인의 기원을 두고 끊임없이 논쟁하고 있지만, 일본인이 아시아 대륙과 남북아메리카 대륙에 넓게 분포했던 몽골로이드의 하위 집단이라는 사실에는 대부분 동의한다.

옅은 갈색에서 밝은 갈색 정도의 피부색, 검은 직모, 갈색 눈, 상대적으로 적은 체모, 게다가 높은 빈도로 나타나는 쌍꺼풀 없이 몽고주름이 있는 눈 등이 그 증거다. 그렇기는 하지만 일본인들은 다른 몽골 부족과는 얼굴의 특징이나 체격이 제각각 다르다.

일본이 문화적으로 '중국의 자손'이라고 말할 수는 있지만 그렇다고 일본인이 중국인은 아니라는 사실도 같은 맥락이다. 일본인들은 한국을 포함해 여러 다양한 경로로 일본에 다다랐고, 7~8세기의 특정 기간 동안 '혼합' 과정을 거쳐 오늘날 우리가 아는 일본인으로 완성되었다. 이 '혼합'에는 다음에서 다시 설명할 야마토 시대, 심지어 야요이 시대의 후손들까지도 포함한다. 불행하게도 어떤 특정한 논지를 입증할 고고학적 증거가 거의 없다. 새로운 발견이 꾸준히 알려지고 있지만 그마

저도 일부는 끝내 엉터리로 밝혀지고 있는 상황이다. 오사카 인근에는 세계에서 가장 큰 열쇠 구멍 모양의 고분인 닌토쿠 왕릉이 있는데, 학자들은 이 초기 고분에 자유롭게 접근해서 온전한 연구를 할 수 있게 되기를 줄곧 기대하고 있다. 하지만 이런 고분 관리를 책임지고 있는 일본 궁내청이 미래를 위해 고분의 발굴이나 조사를 허락할 가능성은 낮아 보인다. 하지만 최근에는 궁내청이 닌토쿠 천황릉 주변 수로의 발굴을 새로이 허락했다.

그러나 몽골로이드와는 확연히 구분되는 다른 민족도 있었다. 아이누(아마 시베리아 본토에서 온 코카시아인)로 알려진 소수 민족은 1200년 전 일본 북부에 정착했다. 오늘날 아이누족은 주로 홋카이도에 살면서 그곳에서 전통적인 언어와 문화를 지켜나가고 있다.

최근 일본 남부, 특히 규슈 북부와 내해 지역에 기원전 수천 년 전 숙련된 사냥꾼과 수렵꾼들이었던 석기시대인들이 정착해서 살았었다는 고고학적 증거가 발견되고 있다. 이때를 조몬 시대라고 하는데, 토기를 독특한 새끼줄 무늬로 장식했던 시대로 알려져 있다. 일부는 탄소 연대 측정으로 1만 년도 더 된 유물임이 밝혀져 세계에서 가장 오래된 토기로 이름을 남겼다.

인류학자들은 조몬인과 현대의 일본인을 연결 짓지 않는다. 오히려 현대 일본인은 북부 지역의 아이누족과 더 가깝다고 한다. 그러나 그들의 조개무덤을 발굴했더니 연안 어류뿐만 아니라 참치와 고래의 흔적도 발견되어 조몬인들이 해양 환경에 잘 적응한 수준 높은 정착민들이었다는 사실을 보여주었다. 이런 정보는 자신들을 독특하다고 여기는 일본인들이 자신들의 자아상을 이야기할 때 유용하게 사용된다.

기원전 1만 년부터 300년까지의 조몬 시대가 끝나고 야요이 시대(기원전 300년에서 기원후 300년)가 이어졌다. 당시에는 물레를 이용해 토기를 제작했는데, 그보다는 대륙에서 쌀 경작법이 도입된 시대로 더 유명하다. 당시 사람들은 산과 바다 사이에 제한된 평지에 정착했다. 땅이 부족하고 사람이 붐비다보니, 일본인의 생활 방식 중 하나라고 할 수 있는 경제적으로 공간을 활용하게 되었다. 그리고 정착농업과 청동과 철의 유입으로 눈부신 성장을 할 수 있게 되었다.

5세기가 되자 일본은 셀 수 없이 많은 씨족 집단으로 나뉘었다. 이 중에서 가장 크고 가장 강력한 것이 야마토 정권(300~593년)이었으며 이는 오늘날 나라현의 근간이 되었다.

그 이후 자연물에 대한 숭배를 바탕으로 하는 신도가 점점 형태를 갖추어갔으며 일본 왕조가 서서히 모습을 드러냈다.

【 중국 문화의 영향 】

6세기부터 8세기까지 중국의 문화적·정치적 영향력이 한국을 통해 일본에 미쳐, 일본의 생활 방식에 근본적으로 영향을 끼쳤다. 이런 영향에는 불교, 중국 문자, 중국의 통치와 관리 방법 같은 것도 포함되어 있었다. 나중에는 유교 역시 수입되었다. 나라(710년)와 교토(794년)에서는 당나라 수도의 모습을 본뜬 도시가 건립되었으며 교토에는 메이지 유신이 일어난 1868년까지 궁전이 자리하고 있었다.

이 시기 가장 유명한 통치자는 쇼토쿠 태자(574~622년)로, 중국의 통치 시스템을 기반으로 17조 헌법을 공표했으며 같은 맥락에서 불교를 국교로 채택했다. 그의 지시 아래 많은 절이 교토에 가까운 거리에 있는 나라에 세워졌는데, 그중에는 호류지처럼 아직 현존하는 절도 있다. 9세기 말 일본 대사는 중국 왕실과의 마지막 교류라는 임무를 완수하고 독자적인 일본화 과정에 돌입했다. 예를 들어 일본어에만 쓸 수 있는 두 가지 음표 문자(가나 문자)가 개발된 것도 그 시기다.

【 팍스 도쿠가와 】

하지만 중국에서 받아들인 중앙 집중식, 관료 중심 통치 방식은 상대적으로 수명이 짧았다. 12세기 초부터는 씨족 전쟁 때문에 환경이 점점 더 불안해졌다. 그러한 상황에서 정치적인 권력은 군사력이 있는 귀족들의 손에 들어갔으며 쇼군(장군)이라고 알려진 봉건 전사가 황제를 대신해 통치를 했다. 그렇긴 하지만 오랜 기간에 걸쳐 라이벌 씨족 간의 내란은 고질적인 문제였다. 그러던 중 이런 무정부 상태가 1600년 10월 세키가하라 전투로 막을 내리게 되었다. 도쿠가와 이에야스는 반대 세력을 대부분 물리치고 자신을 실질적인 군사 독재자라 선언했다(그는 1614~1615년 오사카 성에서의 대전투로 일본 서부에 남아 있던 나머지 반대 세력까지 제거해 본인의 권력을 재확인했다). 1603년 도쿠가와는 자신을 쇼군이라 칭하고 에도 막부 시대를 열었다.

통치 가문의 이름으로 따지면 도쿠가와 막부, 지리적으로 따지면 현재 도쿄에 해당하는 에도 막부(1603~1867년)는 250년이 넘는 기간 동안 보기 드물게 평화를 유지하다가 1866~1867년 짧은 내란으로 평화에 종지부를 찍었다(이듬해 1868년 천황은 나라의 수장으로서 역사적인 위치를 회복했으며, 수도를 교토에서 오늘날의 도쿄로 옮겼다). 에도 막부는 비할 바 없는 경제적인 번

영과 문화적 발전을 누렸다. 미술, 공예, 문학, 일반적인 생활에서의 보편적인 예술성이 꽃을 피웠다는 것만 보아도 알 수 있다.

이 기간 동안 사회가 엄격하게 계층화되었고 군인 집안(봉건 영주인 다이묘, 그리고 그들의 신하인 사무라이)의 통치를 받은 것은 사실이다. 하지만 많은 역사가들이 설명하듯 일본의 에도 시대는 유럽의 봉건주의와는 확연히 다르다. 외부 세계와의 단절에도 불구하고 교육, 학문, 저술 활동이 융성했다. 조직화 기술과 과학기술, 이를테면 건축 기술과 검, 총 제작 기

도쿠가와 막부 최초의 쇼군인
도쿠가와 이에야스의 17세기 초상화

전투 준비를 완벽하게 갖추고 말을 탄 사무라이(1878년)
이 무사계급은 상류층 귀족이나 군인 집안을 위해 일하는 신하 역할로 고용되었다.

술도 일정 수준 발전했다(화기는 1540년대 포르투갈에 의해 처음 소개되었다). 그리하여 1868년 메이지 유신 이후 일본은 급속한 근대화에 돌입했다. 대영제국이 150년에 걸쳐 이루었던 것을 30년 만에 얻으려 하다보니 사회 기반 시설과 인적 자원이 필수적이었다. 사실 이 기간 동안 일본은 중국(1894~1895년), 러시아(1904~1905년)와의 전쟁에서 승리했으며, 1902~1923년 영일동맹을 통해 영국과 어깨를 나란히 함으로써 새롭게 '세계적인 강대국' 지위를 얻게 된 것을 자축했다.

【 서구의 개입 】

1500년대 중반부터 1800년대 중반까지 300년의 기간 동안, 일본에 끼친 서구의 영향과 관련해 두 가지 주요 전환점이 있었다. 첫 번째 전환점은 스페인 예수회 선교사 성 프란시스 하비에르가 1549년부터 1551년, 2년간 일본에 머물면서 기독교를 전파한 것이다. 그와 그를 따라온 예수회는 전도에 상당한 성공을 거두었다.

다이묘를 포함해 아주 다양한 계층의 사람들을 개종시켰기 때문이다. 선교사들을 뒤따라 온 포르투갈 상인들, 그리고 그다음 차례로 온 네덜란드와 영국 상인들 덕분에 교역이라는 뜻밖의 선물까지 추가로 누릴 수 있었다. 1590년대에는 성 프란체스코회 선교사들이 일본에 당도했고 머지않아 도착한 포르투갈 선교사들과 다툼이 일어났다.

이런 선교사들 간의 꼴사나운 논쟁은 그들이 기독교를 현상황에 대한 심각한 도전으로 받아들인 일본의 정치 지도자들 손에 놀아난 결과였다. 결과는 뻔했다. 1590년 전국을 통일한 히데요시는 9명의 유럽 성직자, 17명의 일본인 기독교도를 처형하라고 명령했고 기독교 금지령을 내렸다. 이로써 일본에서는 200년 넘게 기독교가 발을 붙일 수 없게 되었다. 1637~1638년에는 나가사키 주변 기독교도 소작농들이 3만 7,000명이나 학살당했고, 이후에도 끈질긴 경제적·종교적 압박 때문에 계속해서 농민들의 반란이 이어졌다(이른바 '시마바라의 난'이다. 1637년 12월 11일에 시마바라島原 농민들이 징세관을 살해하는 사건이 일어났는데, 순식간에 부녀자를 포함해 3만 7,000여 명이 참가하는 대규모 반란으로 번졌다. 반란군 대부분은 기독교도였다).

두 번째 전환점은 본질적으로 기독교도 추방에 뒤따른 일본의 고립 때문에 생겨난 것이었다. 두 번째 사건은 1853년 7월에서 1854년 2월 사이에 일어났다. 미국 해군 제독 매튜 C. 페리는 '흑선'이라는 이름의 함대를 이끌고 미국 대통령을 대

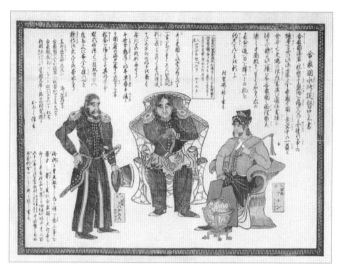

신해 무역과 친선을 요구하며 두 차례 일본을 방문했다. 처음 7월 방문 이후 페리 제독은 더 많은 함대와 함께 곧 다시 돌아올 테니 모든 조약에 동의를 해주기를 기대한다고 말했다. 그는 다음 해 2월에 에도(도쿄) 만에 다시 돌아왔다.

　미국의 세력이, 서양의 힘이 얼마나 강한지 잘 알고 있는 일본으로서는 요구를 받아들이는 것 외에 별다른 수가 없었다. 일본은 미국 선박이 연료와 물자를 제공받을 수 있도록 남쪽에 있는 시모다 항과 북쪽에 있는 하코다테 항을 개방하는 데

동의했다. '꽉 닫혀 있던 문'이 드디어 열린 것이다. 그 후로 2년 사이에 정부는 영국, 러시아, 네덜란드와도 조약을 맺었고 다른 '조약' 항도 잇따라 문을 열었다.

1858년 최초의 미국 영사, 타운젠드 해리스는 미국인에게 (본국법의 적용을 받는) 치외 법권의 권리가 있다는 등의 불평등한 규정이 포함된 통상 조약 협상을 성공시켰다. 뒤이은 다른 서양 국가와의 조약에도 마찬가지로 불평등한 내용이 많았는데, 일본 입장에서 굉장히 큰 논쟁거리가 될 만한 사안들이 19세기 말이 되어서야 마침내 해결되었다.

20세기가 다가오자 일본은 '서양식 국가'로 인정받고자 하는(일부는 갈망이라고도 부르는) 노력이 심해졌다. 즉 일본은 자국을 '아시아' 국가로 보고 있지 않았던 것이다. 그러나 일본의 이런 상황 인식이 위태로워지고 말았다. 일본은 국제적인 활동 무대에서 아예 거부당하지는 않았지만 취급받는 방식 때문에 자존심이 상했다. 1930년 런던해군군축조약에서 그 실상이 가장 여실히 드러났다. 일본 해군은 다른 세계 열강이 인지한 서열에 근거해 국제적인 제한을 따라야만 했다. 일본이 근본적으로 무시당한 꼴이었다. 일본의 고립주의는 1933년에 더 심해졌다. 일본은 중국(특히 1931년에는 만주를 정복하고 이듬해 만주국이라는 괴뢰국가를 설립했음)에 대한 권리를 포기하라는 권고를 거절하며 국제연맹에서 제 발로 걸어 나왔다.

그 결과 1930년대 일본은 세계 속에서 자신의 위치를 다시 생각해보게 되었으며, '아시아 연방'이라는 개념을 점점 발전시켜 나갔다. 안보와 번영이라는 기조 아래 세워진 아시아 연방은 점점 더 보호주의가 강해지는 세계적 분위기 속에서 일본에 필요한 자원과 시장에 손쉽게 접근할 수 있는 길을 터주는 것이었다. 그 결과 1940년 일본은 '대동아 공영권'이라는 슬로건을 발표했다.

일본 역사를 깊숙이 탐구하기에는 이 책의 공간이 부족하다. 하지만 일본이 1941년 독일과 이탈리아 편에 서서 제2차 세계대전에 참전하기로 결정한 것과 관련하여 일본이 인지하고 원하는 서구, 즉 '열강'의 위치가 무엇인지 이해가 필요하다.

일본 제국 군대는 1930년대에 여러 전쟁을 통해 큰 영향력을 행사할 수 있었고(야마모토 이소로쿠 제독의 지휘 아래 이루어진 제국 군대의 진주만 공격은 다소 마지못해 일어나긴 했지만), 실제로 아시아와 태평양 지역에서 일어나는 모든 일을 일본이 선동했다. 그럼에도 일본이 서구와 동등한 파트너로서 '거부'당했다는 사실 때문에 일본의 국민적 자부심은 큰 타격을 입고 말았다. 그렇다보니 그 이후 일본은 아시아의 주인이 되기 위한 기회를 잡으려 애를 쓸 수밖에 없었다. 1941년 12월 7일 진주만을 공격한 후, 공식적으로 기록된 것은 아니지만 야마모토 제독은 이렇게 말했다. "오늘날 우리가 했던 모든 행동이 잠자고 있는 거대한 거인을 깨울까봐, 그를 끔찍한 복수심으로 가득 차게 할까봐 겁이 난다."

1945년 8월 연합국에 패하고 1951년 9월 샌프란시스코 평화 협정에 사인을 할 때까지, 일본은 미국 점령군의 통제 하에 있었다. 자유와 민주주의와 관련된 수많은 개혁안이 법으로 제정되었고, 새로운 '평화' 헌법 아래에서 천황의 권력은 줄어들었다. 공식적으로 주권이 국민에게 돌아갔다. 그리고 일본은 영원히 전쟁에 참여할 권리를 포기했다(평화 헌법 9조).

히로시마 그리고 나가사키

독일은 1945년 5월 연합군에 항복했다. 하지만 일본군은 태평양에서의 전투를 멈추지 않았고 수많은 인명 손실을 내었다. 특히 오키나와 섬에서의 전투(1945년 4~6월)는 끔찍하리만큼 많은 사상자를 낳았다. 약 20만 명의 일본인이 목숨을 잃었는데, 그중에 11만 명은 군인이었고 7만 5,000명은 일반 시민이었다. 미국의 피해자도 수천 명이었다. 오키나와는 연합군이 일본 침략을 하기 위한 필수 정기 기항지였으며 일본인들도 그 사실을 알고 있었다. 이런 이유로 끊임없이 가미카제('신성한 바람', 자살 폭탄 공격) 특공대가 미국 함대를 공격했다.

한편 일본 정부는 자기들이 군사적으로 이미 패배했다는 사실을 알고 있었음에도 끊임없이 내부 갈등을 겪다가, 결국 진전된 방향으로 내각 합의를 이루는 데도 실패하고 말았다. 그리하여 예상했던 대로 일본은 6월에 연합군이 일본의 무조건적인 항복을 요구하며 제안한 포츠담 선언 역시 계속 연기하고 수차례 거부했다.

그 결과는 1945년 8월 6일 아침에 나타났다. B-29 폭격기가 투하한 원자폭탄은 히로시마 중심부 약 600m 상공에서 폭발했다. 그 아래에 있던 것들은 순간적으로 모두 기화되고 말았다. 유일하게 형태를 알아볼 수 있을 정도로 남아 있는 건물은 철근 콘크리트로 새로 지은 산업장려관이며, 이 건물은 오늘날 히로시마 평화 기념 공원과 기념관의 중심 건물이 되었다.

히로시마 평화 기념공원. 폐허가 된 히로시마현 산업진흥회관 자리가
히로미사 원폭으로 목숨을 잃은 사람들의 기념관 역할을 하고 있다.

  히로시마 원폭 이후에도 일본 정부에서 유의미한 반응이
나오지 않자, 8월 9일 나가사키라는 오래된 도시에 두 번째 폭
탄을 투하했다. 나가사키는 일본 기독교 전통과 밀접하게 관계
된 곳이기에, 몇몇 일본인들은 기독교 문화권이 이곳을 공격했
다는 사실을 상당히 비뚤어지고 괴기스러운 시선으로 바라보
았다.

  원자폭탄 투하와 방사능의 영향으로 히로시마에서만 20만
명이 죽었으며 나가사키에서는 14만 명이 목숨을 잃었다(그러니

도쿄를 비롯한 여러 도시에서 연합군이 퍼부은 화염 폭탄 때문에 죽은 사람이 거의 75만 명 혹은 그 이상이 될 것으로 추산하고 있다). 다행히도 세 번째 원폭 투하를 준비하는 중이라는 소식을 들은 일본 천황 히로히토는 8월 14일 라디오를 통해 국민들에게 '견딜 수 없는 것을 견디라'고 부탁했으며, 다음 날 일본은 공식적으로 포츠담 선언을 받아들이고 무조건적인 항복을 선언했다.

1945년 9월 2일, 도쿄 만에서 USS 미주리 함을 타고 있던 맥아더 장군은 일본의 공식적인 항복을 받아냈으며, 이후 6년간의 연합군 점령이 시작되었다.

재건과 재개

전쟁이 끝난 직후 미국이 착수한 재건 프로그램, 미국에서 사실상 무료로 받은 기술 이전, 한국전쟁(1950~1953년)과 동반된 경제 활성화 등으로 토대를 다진 덕분에 일본은 놀랄 만한 산업 확장 시대를 열게 되었다. 1960년대 말 일본은 미국과 소련 다음으로 세계 3위의 산업 강국으로 떠올랐으며 1980년대 초반에는 세계 2위가 되었다. '경제 기적'을 이룬 것이다.

일본 산업은 아낌없는 투자, 로봇 공학 같은 현대 기술 채택, 근면하고 숙련된 노동력의 효율적인 배치를 바탕으로 성장했다. 동시에 일본의 경제적 성공은 수입 광물과 연료의 사용에 심하게 의존해 왔다. 일본은 놀랄 만큼 연료 자원이 부족하다. 게다가 2011년 지진과 쓰나미로 후쿠시마 원자력 발전소 참사가 일어났고 그 여파로 모든 원자력 발전소는 문을 닫았기 때문에, 지금은 수입 원유, 석탄, 액화가스LPG가 국가 전체의 에너지 수요의 90%를 담당하고 있다. 그래서 세계에서 LPG를 가장 많이 수입하는 국가가 일본이라고 한다. 그 외에 필요한 나머지 전기는 수력 발전소, 석유 발전소에서 생산하고 있다. 2011년에는 일본의 원자력 발전소에서 일본 총 에너지 필요량의 32%를 생산했다. 하지만 2019년 2월 9일 현재 일본의 작동 가능한 원자로는 42개며, 5개의 발전소에 있는 9개의 원자로가 가동 중이다. 정부는 배출가스와 수입 연료비용을 줄인다는 명목으로 법원을 통해 원자로 재가동을 밀어붙이는 중이다.

【후쿠시마 참사의 유산】

일본인들은 늘 그랬듯 전쟁의 결과 역시 실용적인 관점으로 바라보았고, 원자폭탄과 주요 도시(역사적 수도인 교토는 연합군에게 큰 피해를 입지 않았다)에 떨어진 화염 폭탄 때문에 수많은 인명 손실이 났어도 그것을 냉정하게 받아들였다. 누군가에게는 놀라운 일일 수도 있겠지만 그런 와중에 전후 일본은 환경운동을 발전시켜 세계 최고의 산업 국가가 되었다.

그런 환경운동의 선례가 일찌감치 존재했으니, 19세기 말 다나카 쇼조는 혼슈 북부 지역의 동광산에서 엄청난 양의 오염 물질이 나오는 것을 발견하고 문제 삼았다. 1960년대 말 다시 대두된 환경오염 문제는 아직 원자력 시대와는 무관하게 모두 일본의 산업공해로 말미암은 것이었다.

그 규모를 알 수 없는 공기, 땅, 호수, 강 등의 오염은 성장을 향해 달려가는 일본의 전후 속도전 때문에 일어난 것이다. 마스크를 한 사람들의 모습과 도쿄와 오사카에 내려앉은 광화학 스모그가 세계 언론에 대서특필되었으며, 이 때문에 일본의 체면이 상당히 손상되었다. 이러던 중에 '미나마타병'이나 '욧카이치 천식' 같이 세간의 이목을 끄는 무시무시한 질병도 여럿 발견되었다.

일본은 수입 에너지 의존도고 극도로 높기 때문에 일본 정부는 독자적인 원자력 산업 시설이 필요할 수밖에 없었다. 그리하여 다른 원자력 발전 국가, 특히 영국과의 긴밀한 협조 하에 성공적으로 원자력 에너지를 발전시켰다. 후쿠시마 참사 이전에는 54기의 원자력 발전소를 보유하고 있었으며, 2017년까지 전국 전기 생산량의 최소 40%를 담당하는 것이 목표였다. 하지만 지금처럼 핵 문제에 대한 감수성이 높아진 상황에서 그 목표는 이룰 수 없는 일이 되어버렸다.

일본은 핵무기에 대한 욕심도 전혀 없다. 사실 일본 내에는 일본을 두 차례 핵 공격을 당한 '피해자'로 홍보하려고 하고, 원자력선이 일본 해상에 들어올 때마다 예외 없이 반대 시위를 하는 우익 국수주의자들이 있다.

하지만 앞에서 언급했듯이 대부분의 일본 사회는 변하고 있다. 일본인들은 타고난 실용적인 눈을 통해 그 심각했던 경험 전체를 완전히 뒤집어서 생각하게 되었다. 이를테면 이제 그들은 자신을 평화를 고취하는 촉매제로 여기게 되었고, 그 과정에서 세계 최대의 인도주의적 원조 기부국이 되어가고 있다.

【 '거품'이 터지다 】

1990년대 초반 일본의 소위 거품경제의 붕괴는 동남아시아 그리고 일본의 가장 큰 무역 파트너인 미국에 심각한 영향을 주었다. 심각하게 부풀려진 부동산 가치, 은행에서 빌린 산더미 같은 '소프트론(soft loan, 대출조건이 비교적 까다롭지 않은 차관), 그리고 보험, 은행, 투자 산업의 심각한 고질적인 부패, 거기에 조직적인 범죄의 개입, 지속 불가능할 정도의 고용 수준까지 더해져 일본 경제는 붕괴하고 만 것이다.

일본 정부가 고위 공직자의 사리사욕, 대재벌기업, '철의 삼각지대'라고 불릴 정도로 심한 관료주의 때문에 여러 규제를 내건 결과 발전이 저해되고 있었으며, 파벌주의 문제도 골이 깊었다. 그래서 개혁의 기본 원칙을 수립하는 것에서조차 제대로 의견 일치를 보지 못하고 있었다. 일단은 회계 절차를 좀 더 투명하게 해야 할 뿐만 아니라 은행계 자체가 개혁을 해야 하며 소비자의 신뢰가 돌아올 수 있도록 해야 한다는 것이 일반적인 해결 방안으로 여겨지고 있었다. 하지만 은행이 일본을 소유하고 있었고(평균 부채 비율이 70%) 대재벌기업과 밀접하게 관련되어 있었기 때문에, 이 문제에서 의견을 일치하기란 좀처럼 쉽지 않았다.

그러나 결과적으로 중요한 은행 개혁이 시행되었고 저평가된 엔화 덕분에 급격히 늘어난 수출에 힘입어 경제가 다시 살아나기 시작했다. 하지만 이후 2007~2008년 세계적인 경제

위기가 또 한 번 일본을 심각하게 위협했고 초기의 경제 회복이 다시 물거품이 되어 2009년 GDP는 5%가량 수축했다. 도요타의 추락은 소위 일본 경제의 종말을 상징적으로 보여준다. 도요타는 부품의 결함 때문에 미국에서 사고를 유발했고, 그 결과 소송이 시작되면서 미국을 포함한 주요 시장에서 수만 대의 자동차를 리콜해야 했다(그렇기는 하지만 도요타는 2010년 봄 미국에서 엄청나게 많은 자동차를 팔아치웠다).

2017년 아베 신조는 4년 임기인 자유민주당 총재이자 총리 직을 네 번째 맡고 있으며, '아베노믹스'라고 알려진 경기 부양책을 위해 '세 개의 화살'이라는 의제를 계속해서 홍보하고 있다. 지금까지 미미한 성과에 그친 이 '화살'은 다음과 같다. 맨 처음 통화 완화 정책, 그리고 복지(일본은 심각한 고령화 위기를 겪고 있다)와 공공사업, 특히 2021년 도쿄 올림픽을 위한 계획과 인프라에 주력하는 '강력한' 재정 정책, 마지막으로 일본에 거주하는 외국인을 위한 개방성 증대뿐만 아니라 외국 기업 및 일본에 일을 하러 들어오는 사람들 포함, 산업 및 사업에 혜택을 주기 위해 규제 장벽을 낮추는 등의 투자 촉진 정책이 그것이다.

2020년 8월 말, 아베는 건강 악화를 이유로 물러나기로 하였고, 그의 뒤를 이을 사람은 그의 가장 친한 협력자 중 한 명이자 내각관방장관이었던 스가 요시히데가 되었다. 그리하여 아베노믹스는 계속 이어질 것으로 전망되었다.

미국과 중국 간의 무역 문제, 미국의 환태평양경제동반자협정TPP의 탈퇴 문제, 한반도를 둘러싼 이슈의 지속되는 불확실성, 코로나-19의 전 세계적인 영향 등 모두가 일본의 사업 환경에 부정적인 영향을 끼쳤다. 그러나 전 세계의 미래가 불투명한 이 시기에도 일본은 세계 3위의 경제 대국으로서의 위치를 유지하고 있다.

【 일본의 차기 천황 】

2019년 5월 나루히토 왕세자가 쇠약한 80대 아버지 아키히토 천왕으로부터 천황 자리를 물려받음으로서 새로운 황실 시대가 열렸다. 새 시대는 행운과 화합을 의미하는 '레이와'로 불린다.

연표

BC 10000~BC 300년경   조몬시대

새끼줄무늬 도자기가 특징.

BC 660 진무텐노(천황)가 즉위했다는 신화 속 시기.

BC 300~300년경   야요이시대

기하학적 문양의 우아한 토기와 무늬를 새겨 넣은 청동방울 생산.

300~645년경   야마토시대

400년경 야마토 가문이 일본 통일.

550년경 한반도에서 불교 도입.

593~622년 쇼토쿠 태자의 섭정.

607년 중국에 처음으로 대사 파견.

710~794년   나라시대

청동, 점토 또는 칠기로 만든 종교적 조각상.

752년 나라 토다이지에 대불 헌납.

794~1192년   헤이안시대

794년 헤이안이 제국의 수도가 되며, 훗날 교토로 불림.

805년 천태종 도입.

806년 진언종 도입.

838년 열두 번째이자 마지막으로 중국에 대사 파견.

858년 후지와라 가문이 천황의 지위를 명목상 우두머리로 깎아내림. 중앙 정부는 점점 힘이 없어지고 실제 권력은 대지주(다이묘) 손에 들어감.

1002~1019년경 무라사키 시키부가 『겐지모노가타리』를 집필함.

1192~1338년   가마쿠라시대

1185년 미나모토 가문이 권력을 손에 넣고, 이 가문 출신인 요리모토가 군사 통치를 확립함.

1192년 천황이 요리모토에게 쇼군(최고사령관)이라는 직위를 부여하며, 쇼군은 천황을 대신해서 통치를 함.

1274년, 1281년 몽골의 쿠빌라이 칸이 규슈를 침략함. 하지만 매번 '신이 보낸' 허리케인, 가미카제 때문에 함대는 침몰 당함.

1338~1573년 무로마치시대

1336년 아시카가 다카우지 장군이 미나모토 막부를 타도함. 그의 막부가 1338년 천황에게 인정받음.

1467~1477년 오닌전쟁. 이후 100년간 내전이 이어짐.

1542~1543년 포르투갈 상인이 규슈의 타네가시마에 상륙. 뒤이어 스페인, 독일, 영국 상인도 도착. 서양 화기의 도입.

1549년 성 프란시스 하비에르 도착. 로마 가톨릭 교리를 전파하기 시작.

1573~1603년 아즈치모모야마시대

1586년 도요토미 히데요시 장군이 오사카 성을 지음.

1590년 히데요시가 일본의 최고 권력자가 됨.

1592년 히데요시가 조선을 처음으로 침략함.

1598년 히데요시 사망. 조선에서 철수.

1600년 세키가하라 전투에서 도쿠가와 이에야스 장군 승리.

1603~1868년 에도시대

1603년 이에야스가 쇼군 지위 획득.

1614~1615년 히데요시의 마지막 보루인 오사카 성 함락.

1622~1638년 최대의 기독교 박해 시기.

1624년 스페인인 추방.

1637~1638년 시마바라의 난.

1638년 쇄국령 선포. 아주 엄격하게 통제된 예외 상황을 제외하고는 모든 여행과 외국인 금지.

1639년 포르투갈인 추방.

1641년 독일 공장이 나가사키 항에 있는 데시마 섬으로 옮겨감.

1673년 에치고야 포목점(미츠코시 백화점의 전신)이 에도에 문을 엶.

1811~1813년 홋카이도에서 러시아 선장 골로브닌 감금.

1853년 에도 만 우라가 항에 페리 제독 첫 도착.

1854년 페리 제독의 두 번째 방문과 가나가와 조약 체결.

1865년 외세와의 조약을 천황이 승인함.

1866~1867년 고립주의자 귀족들의 반란으로 도쿠가와 막부 전복.

1868~1912년   메이지시대

1868년 메이지 천황 무쓰히토 즉위식.

1869년 1월 3일 5개조 서문 반포. 천황의 집행권 복원.

1889년 헌법 선포.

1890년 교육에 관한 칙어.

1894~1895년 중일전쟁. 조선에 있는 중국인들을 추방함.

1899년 불평등 조약 수정.

1902년 영일동맹 체결(1906년과 1911년 갱신).

1904~1905년 러일전쟁. 만주와 조선에 있는 러시아인들을 추방함.

1910년 대한제국 합병.

1912~1926년   다이쇼시대

1914년 제1차 세계대전에 연합군으로 참전. 극동에 있는 독일 조차지를 손에 넣음.

1915년 '21개조 요구 사항'으로 중국 압박.

1921~1922년 워싱턴 회의.

1923년 간토 대지진.

1925년 남자보통선거제.

1926~1989년   쇼와시대

1927년 일본 은행 위기.

1929년 월가 대폭락.

1930년 런던해군군축조약 체결.

1931년 만주사변. 중국의 만주 지방을 침략해 괴뢰국가 만주국 설립. 군대와 초국가주의자들이 일본 정부 지배.

1933년 국제연맹 탈퇴.

1937년 중국과의 전쟁 재개.

1940년 독일, 이탈리아와 삼국동맹을 맺음. 프랑스의 패배로 일본이 프랑스령 인도차이나 점령.

1941년 12월 7일 진주만에서 미국 함대 공격. 미국과 영국이 일본에 전쟁 선포.

1942년 태국, 미얀마, 말레이 반도, 독일령 동인도, 필리핀, 뉴기니아 북부 점령.

1945년 8월 6일 히로시마 원폭 투하. 8월 9일 나가사키 원폭 투하. 8월 14일 히로히토 천황은 라디오를 통해 포츠담 선언을 항복 조건으로 받아들임. 연합군 최고사령관 더글러스 맥아더 장군이 주축이 되어 일본 점령.

1946년 평화 헌법 공포.

1951년 샌프란시스코 평화협정

1952년 일본 점령 종료. 완전한 주권 회복.

1956년 국제연합 가입.

1964년 도쿄올림픽 개최. 도쿄와 오사카 구간 고속철도 신칸센 개통.

1972년 오키나와 반환.

1975년 G7의 멤버가 됨.

1985년 엔화 재평가를 위한 플라자합의

1989년~ 헤이세이시대 (아키히토 천황 즉위)

2011년 도후쿠 지방 지진.

2019년 레이와 시대 시작 (나루히토 천황 즉위)

2019년 나루히토 천황 즉위

2021년 도쿄 올림픽 개최(일정 변경)

02

가치관과
사고방식

일본에는 기본적으로 어떤 결정을 내리더라도 의견 일치를 보려는 성향, 더불어 충돌을 피하려는 욕구가 있다. 이런 현상의 근저에는 완벽한 화합, 즉 '와^和'가 있다. 역사적으로 쌀을 수확하기 위해서는 공동으로 노력, 계획, 협력해야 한다는 것을 생각하면 '와'의 의미를 이해하기 쉽다.

일본인들은 자신을 독특한 국민이라고 생각한다. 사실 신도라는 종교와 마찬가지로 일본의 언어 역시 일본만의 독특한 것이다. 확실히 230년간(1638~1868년) 다른 세상과 고립되어 있었기 때문에 이런 국가적 자의식이 생길 수 있었던 것으로 보인다. 하지만 이보다 더 중요한 것은 같은 기간 동안 일본이 역사상 가장 정교하고 성공적인 과두정치, 즉 도쿠가와 막부의 체제하에 있었다는 사실이다. 그렇다보니 국민들 역시 조직적으로 순응하는 문화에 젖어들 수밖에 없었다.

일본에는 기본적으로 어떤 결정을 내리더라도 의견 일치를 보려는 성향, 더불어 충돌을 피하려는 욕구가 있다. 이런 현상의 근저에는 완벽한 화합, 즉 '와和'가 있다. 역사적으로 쌀을 수확하기 위해서는 공동으로 노력, 계획, 협력해야 한다는 것을 생각하면 '와'의 의미를 이해하기 쉽다.

그러므로 일본에 동전의 양면 같은 '염치' 문화와 '체면' 문화가 함께 있다는 것은 그다지 놀랍지 않다. 이는 중국을 비롯한 아시아 국가의 공통적인 특징이기도 하지만, 특히 일본에서 더 뚜렷하게 나타난다. 그리하여 일본인들은 비즈니스에서뿐만 아니라 일상생활에서도 기본적인 대화의 규칙과 약속, 즉 프로토콜을 만들어 발전시켜왔다. 이는 사회적인 교류를 원활하게 도와주고 체면이 깎일 일이 없도록 해준다. 다음 몇 가지 예를 보자.

나 그리고 우리

일본에서는 회사, 가족, 학교, 사회 집단 등 집단의 목소리가 개인의 목소리보다 더 중요하기 때문에 '우리'(집단 지향) 문화가 있다. 비즈니스 상황에서 일본인들은 언제나 자신의 회사를 먼저, 가장 중요하게 언급할 것이다. 자신이 속한 부서, 그리고 그 안에서 자신의 업무 역할을 말한 다음에 비로소 마지막에 자기 이름을 말한다.

　또한 일본에 관한 이야기를 하는 상황에서 일본인들은 와레와레니혼진, 즉 '우리 일본인'이라는 표현을 자주 사용한다. 그렇게 함으로써 개인적인 견해에서는 한 발짝 거리를 두고 전체 집단의 견해, 즉 일반적인 일본 국민이나 나라를 대신하는 의견을 표현하는 것이다.

노동 윤리

역사적으로 일본에서는 목표 지향적 노동 환경을 바탕으로 노동의 가치와 중요성에 대한 인식이 높았다. 쌀 경작 문화와 유교 철학 역시 오랜 기간을 거쳐 이런 분위기를 조성하는 데 일조한 것으로 보인다. 그것은 회사나 기업(또는 기관, 지역)의 목표를 달성하기 위해, 마찬가지로 동료들의 체면을 깎이게 하지 않기 위해 협력하는 문화와도 관계가 깊다.

그러나 2015년 6500만 대의 자동차가 리콜되었던 도요타의 기술 결함 사건 같은 좌절을 포함해 오늘날 일본이 직면하고 있는 경제적·사회적 도전은 필연적으로 노동 윤리를 회복시키는 데 계속 부담을 줄 것이 분명해 보인다. 그러나 역사는 말해준다. 그런 일을 겪을수록 약해지기보다는 더 강해지기 쉽다는 것을 말이다.

체면

체면, 즉 개인의 품위, 자존감, 위신을 잃는다는 것은 일본에서는 어떤 상황에서도 있을 수 없는 일이다. 무슨 일이 있어도 당신은 당신 자신이나 제3자의 체면이 깎일 수 있는 상황을 만들거나 용인해서는 안 된다. 체면이 깎인다는 건 누구에게나 당황스러운 일이긴 하다. 하지만 일본인에게 이는 수치스러운 정도의 일이다.

그러므로 체면을 잃는다는 건 개인적인 명예와 진실성에 문

· 체면 차리기 ·

덴마크 시장이 부인과 동행해 도쿄에 업무차 방문했다. 그를 초대한 일본인은 시장 부부를 골프장에 불러 접대를 했다. 얼마 안 가 시장 부인의 골프 실력이 시장보다 월등히 뛰어나다는 사실이 드러났다. 한참 후 시장 부부는 당황했다. 어김없이 덤불 속으로 들어가던 시장의 공이 페어웨이 가장자리에 자꾸만 나타났기 때문이다. 부인의 드라이브 샷이 남편보다 훨씬 강한 걸 본 일본인은 부인에게 여성용 티보다 남성용 티에서 첫 타를 치는 게 어떻겠느냐고 물었다. 그게 더 편할 거라면서 말이다. 일본인은 소중한 손님이 골프를 잘 치지 못해 체면이 깎이는 모습을 보느니, 차라리 공을 페어웨이 위에 계속 올려주고 시장의 아내가 제 실력을 발휘하지 못하게 하는 편이 더 낫다고 생각한 것이다.

제가 생긴다는 것이다. 그래서 무언가 잘못되었다는 사실보다
그 잘못이 밝혀지는 것이 더 중요한 사안이 된다. 서양의 관점
에서 보면 일본인의 도덕성은 절충이 가능한 가치다. 하지만
일본인에게는 잘못이 밝혀짐으로 인해 겪게 될 수치심이 죄책
감보다 더 큰 동기로 작용한다.

혼네 그리고 다테마에

일본인은 '공적인 면모(다테마에)'와 '사적인 면모(혼네)'라고 부
를 수 있는 것을 구분한다. 더 정확하게 설명하자면 다테마에
는 표면이나 허울을 뜻하는 것으로, 말하고자 하는 생각이나
개념 위에 입혀진 겉치레이며 이때 진실한 속내는 숨어 있다.
반면 혼네는 실제 의도, 속마음과 연관된다. 비즈니스상에서나
개인적으로나 일본인들과 지속적으로 오랜 기간 관계를 가져
야 하는 외국인이라면 다소 조현병 환자 같은 이 심리 환경을
반드시 이해해야 한다. 소위 '사적인 면모'를 점진적으로 드러
냄으로써 관계가 발전된다 해도, 일본인과의 우정에서 서양식
의 '상호 관계'는 기대하지 않는 편이 낫다.

기리

이것은 일본의 일상생활 전반에 만연해 있고 절대 무시해서는 안 되는 책임(또는 호혜)과 의무를 나타내는 단어다. 선물을 주고받거나 접대를 할 때도 기리義理, 즉 의리가 필요하다. 예를 들어 누군가에게 식사 대접을 받으면 그는 '답례'로 비슷한 수준의 식당에서 접대를 해야 한다. 병원에서 재정적인 도움이 필요한 환자가 기부를 받을 때도 이 기리가 적용된다. 환자는 치료를 받은 후 병원을 떠날 때, 받은 돈의 절반을 기부자에게 줄 '감사' 선물에 써야 한다.

하라게이

하라게이腹芸는 직역해서 '배로 하는 말'이라고도 표현한다. 이 개념은 개인, 사건, 문제에 대한 본능적인 직감을 뜻한다. 종종 비즈니스 상황에서도 사용하는데, 제안된 거래나 관계가 '옳은 것인지 나쁜 것인지' 감지하는 마음으로 본다는 것이다. 일본인들은 상대가 아무리 겉보기에 매력적인 제안을 하더라도 그가 '나쁜' 사람으로 느껴지면 그와는 비즈니스를 하지 않는다는 말도 있다.

예민함, 조용한 대화, 그리고 거리·공간

일본의 문화는 원색보다는 파스텔색으로 설명되어 왔다. 다른 말로 하면, 개념이나 주제가 서로 융합하려는 경향이 있으며, 모호하거나 확실히 '부드러운'(때로는 '조용한'), 그리고 간접적인 접근 방식이 최고로 여겨진다. 일본인들은 목소리나 태도 모두 시끄럽지 않으며 천성적으로 대립을 좋아하지 않는다. 말로 표현하는 것보다 감각적으로 느끼는 것(하라게이 참조)이 많다. 개인적인 강렬한 감정의 표출이나 사적인 공간의 문제도 이와 관련이 있다.

요즘 젊은이들은 서로의 관계에 대해 훨씬 많이 개방되어 있고 자신을 더 자유롭게 표현하는 편이지만, 그래도 일본에서는 상대가 어린아이일 때를 제외하고는 공공장소에서 애정 표현을 해선 안 된다. 언제나 신체적인 접촉을 피해야 한다. 남자들끼리만 모여 있는 유쾌한 분위기의 술자리가 아니라면,

등을 툭툭 치거나 걸으면서 팔을 잡는 것도 조심해야 한다. 일본인들은 이야기를 나눌 때 서로 물리적인 거리를 충분히 유지하려는 경향이 있으며, 직접적으로 시선을 맞추는 것을 피한다. 약간 불편하더라도 너무 가까이 다가가지 않도록 하자.

검지로 다른 사람이나 사물을 가리키는 것도 무례하게 보일 수 있다. 대신 손 전체를 이용해서 시선을 끌도록 하자. 손바닥을 위로 향한 채 (가리키지 않고) 흐르는 듯하게 하면 된다.

일본인들은 처음 만나 소개를 받을 때 고개를 숙여 인사하는 걸 선호한다. 하지만 가이진(외국인)에게는 보통 손을 내밀어 악수를 하면서 가볍게 고개를 숙이는 방법을 택할 것이다. 이 경우에 악수를 힘없이 살살 하고, 눈을 거의 맞추지 않는다고 해서 상대방을 '교활'하거나 '나약'한 인물이라고 생각해서는 안 된다. 만약 상대가 먼저 손을 내밀지 않는다면, 상대방이 고개를 숙이는 각도와 횟수에 맞추어서 똑같이 따라하면 된다. 상체를 숙일 때는 팔을 쭉 펴고 손바닥은 허벅지를 따라 내려가게 둔다.

안 그리고 밖

일본인들의 눈에 띄는 특성인 '동질성', '의견 일치'의 역설 중 하나는 정도의 차이만 있을 뿐 크고 작은 공동체가 그 집단의 태도와 집단 충성심 안에, 계급 제도의 각 단계 안에 갇히게 된다는 것이다. 이 집단주의(정치의 경우에는 파벌주의)는 어디에서나 발견되며 그 때문에 집단 안에서 또 다른 집단들이 만들어지고 있다. 즉 당신이 어떤 지위와 신분인지에 관계없이, 당신은 늘 특정한 집단 안에 있으며 동시에 어떤 집단의 밖에 존재하는 것이다. 비즈니스의 경우도 마찬가지다. 당신이 특정한 회사의 직원인 동시에 특정한 부서의 구성원이라면, 다른 부서와 심각한 경쟁을 벌여야 하는 입장이 될 수 있고, 실제로 종종 그렇게 된다.

집 안팎에서 일본인의 태도의 차이를 보면 쉽게 이해할 수 있다. 그들은 집 '안'에 있는 것과 집 '밖'에 있는 것 사이의 구분이 명확하기 때문이다. '밖'은 이상한 곳이며 딱히 진심으로 걱정하거나 관여하지 않는다. 반면 '안'은 '친밀'하고 '안락'해서 밖에서와는 다른 행동을 하게 된다.

일본에서는 집에 돌아오면 누구나 정해진 인사로 환영받는다. 그러면 인사를 들은 사람 역시 정해진 대답을 해준다. 현관에서 외출용 신발을 벗고 실내 슬리퍼로 갈아 신은 후 집에 들어온다. 집 안 칸막이는 얇고, 종종 움직이기도 하기 때문에 옆방에서 나는 소리를 완벽히 막을 수 없다. 그러므로 일본 어린이들은 좁은 공간에서 서로 협조하는 삶을 배우며 커간다. 필요에 따라 '눈길을 돌리'거나 '못 들은 척'할 줄 아는 것이다.

이 '안'과 '밖' 태도와 관련해 일본을 처음 방문한 사람에게 가장 충격적인 점은 대중교통을 이용할 때 나오는 모습이다. 여행이 끝날 무렵 지저분해진 기차나 비행기를 보면 기차나 비행기가 '바깥' 공간이며 사람들의 태도도 그에 맞춰져 있었다는 것을 알 수 있다.

고마움의 표시

일본에서는 사소한 문제와 부수적인 도움, 지지에 대해서 과장되게 고마움을 표시하는 편이다. 그러므로 원래 여러분이 있던 곳에서보다 더 자주 감사를 표시하는 것이 좋다. 도움을 받았던 사람을 다시 만나게 되면 그게 아무리 사소한 일이었더라도 "지난번 친절함/도움/지원 감사했습니다"라고 인사하며 고마움을 한 번 더 표현하도록 한다.

에티켓

일본 사회의 에티켓은 모든 단계에 수많은 형태로 존재하며 대인 관계를 원활하게 만드는 윤활유라는 사실을 기억해야 한다. 달리 말하면, 당신이 어떤 집단에 속해 있든 용인되는 행동 방식과 용인될 수 없는 행동 방식이 정해져 있다는 것이다. 당신은 외국인이기 때문에 관계와 태도에 영향을 끼치는 모든 세세한 것들까지 다 알 거라고 기대하지는 않을 것이다. 하지만 필요하다면 늘 배려하고 존중하며 공손한 태도를 보일 필요가 있으며, 의욕을 가지고 배우려는 모습을 보여줘야 한다. 윙크를 하거

나 어깨를 으쓱하는 등의 서양식 제스처는 일본에서는 일반적
이지 않기 때문에 오해를 살 수 있다.

외국인에 대한 태도

'안'과 '밖'의 뚜렷한 구분은 가이코쿠진, 말 그대로 '바깥 나라
에서 온 사람'에게도 마찬가지로 적용된다. 과거에는 어떤 마
을이나 지방 밖에서 온 일본인을 가이코쿠진이라고 불렀겠지
만, 오늘날은 근본적으로 비일본인을 지칭하는 단어가 되었다.

도쿄, 오사카, 고베, 나고야 등 주요 광역 도시권의 외국인
숫자는 점점 늘어나고 있으며, 현재는 30세 이하 인구의 증가
와 더불어 그 수가 250만 명에 달한다. 2017년 기준 미국인은
대략 53,000명, 영국인은 대략 17,000명, 한국인과 중국인은
각각 700,000명 정도가 있는 것으로 추산하며, 그중에서도 중
국인의 숫자가 가파르게 늘어나고 있다. 역사적인 이유로 중국
인들은 당국에 의해 따로 허가를 받게 된다. 거기에 태국, 버
마, 필리핀, 이란 여성들이 환락가에서 활동하며, 아랍, 파키스
탄, 인도, 그 외 아시아 남성들은 잡역이나 건설업에 종사하고

있다. 이들 대부분은 불법체류자지만 정부는 모른 체 하고 있는 실정이다. 그러나 정부는 최근 건설, 의료, 서비스업 분야 이민자들의 매년 '허용' 수준을 300,000명까지 인상시켰다.

일본인들은 계급을 굉장히 중요하게 생각하기 때문에 '파란 눈'에 '피부가 흰' 미국인, 유럽인, 호주인, 뉴질랜드인을 가장 높게 평가하고 일반적으로 한국인을 가장 낮게 보는 경향이 있다. 미국, 영국, 오스트리아, 뉴질랜드, 유럽에서 온 사람들이 특히나 '세계어'로 높이 평가되는 영어까지 쓴다면 존경의 눈빛을 받게 될 것이다. 그러나 일본을 잘 아는 많은 외국인들이 말하듯, 당신이 일본인이 아니라는 사실을 절대 잊을 수는 없다.

국제화

일본 정부는 다른 사회와 일본의 '차이점'을 인정하면서도 꾸준히 '세계화(코쿠사이카)'에 전념해 왔다. 이는 상당히 양면적인 개념으로 원칙적으로 교육을 통해 추구되었다. 1987년 만들어진 일본 교류와 교육 프로그램JET은 영어 회화가 가능한 대학 졸업자들(지금까지 60개 국 이상에서 65,000명 이상)을 초청해 일본 중

• 일본의 '차별' •

일본 사회 내에서는 몇 세기 동안 차별을 받아온 집단(오늘날 인구의 1%, 1,400 만 명)인 부라쿠민(部落民) 또는 에타(穢多)가 있다. 이들은 역사적으로 피혁 가공업이나 도축장처럼 손에 피를 묻혀야 하는 직업과 관련이 있었다. 그들의 존재는 최근에야 공식적으로 알려졌는데, 1972년 처음으로 부라쿠 문제가 교과서에 언급되었다. 많은 수가 악의 소굴, 야쿠자와 관련되어 있으며 일본 최대의 범죄 조직, 야마구치구미도 마찬가지다.

부라쿠민, 에타의 요구를 파악하고 주택, 학교, 고용 등의 차별 문제를 해결하기 위해 수많은 정부 계획이 수립되어왔다. 하지만 일본 언론은 보복에 대한 두려움 때문에 부라쿠 문제를 언급하지 않는다.

그리고 대놓고 '존재하지는 않는' 중요한 일을 하는 '사설탐정' 산업이 있다. 탐정은 결혼을 앞둔 사람들 중 상대방 가문이 부라쿠 혈통과 아무 관계가 없다는 걸 확인하고 싶어 하는 사람들을 위해 그 진실을 파헤치는 위험한 임무를 맡는다. 고용주들이 사람을 뽑을 때도 이런 심사를 하는 것으로 알려져 있다. 게다가 이사 등을 앞두고 있는 사람들을 위해 부라쿠 지역을 알아보는 방법을 소개한 '불법적인' 가이드북도 나와 있다. 학교에서 한 어린이가 부라쿠민으로 밝혀지면 따돌림을 당하는 것도 흔한 일이다. 이는 일본의 '금기' 주제 중 하나라고 할 수 있다.

등 학교와 대학, 지역 시청에서 일하게 하고, 고등 교육의 맥락에서 대학에서는 외국인 학생들을 더 많이 뽑도록 장려하는 것이었다. 반면 일본 학생을 해외로 보내는 것은 크게 추천하지 않았다. 정작 자국 학생들이 일본의 취업 시장에서 기회를 놓치지 않을까, '외국'의 가치에 일본이 오염되지 않을까 하는 전망 때문이었다. 국제화에 대한 이러한 접근은 세계화 시대를 향한 일본의 인식을 잘 보여주는 것이라고 할 수도 있겠지만, 동시에 여기에는 일본의 정체성을 지키려는 의도가 더 크게 깔려 있다고 주장하는 사람들도 있다.

COVID-19

COVID-19가 1억 2,600만 명에 달하는 고밀도 노령 인구에 끼친 영향이 극히 제한적이었던 것을 두고 일본 자국민을 포함해 많은 이들이 크게 놀랐다. 그 이유에 대해서는 다양한 이론이 있지만, 가장 반박의 여지가 없는 것은 일본이 굉장히 순응적이고, 집단 지향적인 사회라는 사실이다. 따라서 사회적 거리두기와 일상적인 신체 접촉(악수, 포옹, 입맞춤)의 부족이 즉각

적인 전국적 대응, 뒤이은 락다운을 용의하게 만들었다. 마찬
가지로 질병 확산을 막는 마스크 착용 역시 일본인들에게는
원래 오래 전부터 일상생활의 일부였다.

종교, 관습
그리고 전통

일본 문화의 중심에는 자연을 향한 인간의 개입이 있다. 그러나 일본인의 자연과 인간의 관계는 서양의 인식과는 본질적으로 다르다. 서양의 종교적 전통에서는 자연을 신의 단순한 투영으로 여기지만, 일본인은 자연 속에서 절대자의 전형, 절대자의 구체화된 모습을 볼 수도 있다.

대부분의 일본인에게 신도와 불교는 일상생활의 일부분으로 스며들어 있다. 새로운 자녀의 탄생이나 결혼과 같은 기념행사는 신도 사원에서 벌어지고 '생의 끝'은 불교의 장례 의식을 통해 치러진다. 동시에 많은 일본인들이 소위 '신'종교의 추종자이기도 하다. 그렇지만 오늘날 대부분의 일본인들은 종교에 대한 질문을 받게 되었을 때 무슈쿄우, 즉 무교라고 대답할 것이다.

신도

신도는 자연 숭배의 고대 양식으로 일본에 불교가 도입되기 한참 전부터 전해 내려오던 것이다. 이후 중국에서 들어온 경쟁 종교인 불교와 구분 짓기 위해 신도라는 이름은 붙였고, 이는 '신의 길'로 번역할 수 있다. 신도에서 중요한 것은 자연과 인간의 조화로운 관계를 추구하는 것이다. 많은 의식, 축제, 인기 있는 민속적인 관행은 모두 자연을 향한 욕구, 감사, 화해의 표현이다. 일본인들은 일본에서 가장 성스러운 곳, 이세 신궁에서 가문의 조상과 여러 신을 비롯해 태양의 여신 아마테라스 오미카미^{天照大神}를 모시는데, 태양의 여신 숭배는 자연 세계의 힘과 미스터리를 향한 광범위한 숭상의 일부분이다.

신도에서는 온갖 종류의 자연 현상에 정신적인 에너지, 즉 생명력이 담겨져 있다고 본다. 폭포, 산부리, 아주 오래된 큰 나무, 특이하게 생긴 돌, 새 같은 동물 모두 경외감과 경탄을 불러일으킬 수 있다. 그런 숭배와 영감의 대상을 카미神라고 부르는데 종종 영혼, 신령, '신'으로 번역될 때가 있다. 하지만 이는 명백히 오해의 소지가 있다. 왜냐하면 카미는 유대교와 기독교의 신 개념과는 일말의 관련도 없기 때문이다. 나라를 위해 싸우다 죽은 군인과 황제의 소위 '신으로 섬기는 것'을 이해하고 싶다면 이 사실을 꼭 기억해둬야 한다. 그래서인지 신도를 이해하는 것이 일본을 이해하는 것이라는 말도 있다.

본질적으로 신도에는 윤리적인 내용이 전혀 없다. 다만 목욕을 좋아하고 개인 위생을 중요하게 생각하는 일본인들의 의식이 반영된 것인지 절차상의 순수성을 강조하기는 한다. 신도 신사를 들어가기 전에는 손과 입을 반드시 씻어야 한다. 기도문, 의식 절차상 구성 방식, 다양한 신화와 전설 외에는 딱히 기록되어 전해 내려오는 것도 없다. 그래도 모내기, 추수, 풍요와 관련된 다양한 일련의 축제와 의식은 전국적으로 매년 열리고 있다. 그리고 셀 수 없이 많은 신사와 특징적인 입구인

도리이가 주변의 경치를 꾸며준다.

【 도리이, 신사의 입구 】

신사의 입구에 해당하는 도리이鳥居는 수직으로 서 있는 기둥 2개와 가로대 2개로 이루어져 있으며 보통 주홍색으로 칠해져 있다. 전통적으로는 나무 구조물이지만 요즘은 내구성 때문에 콘크리트로 대체하는 경우가 늘고 있다. 화려한 도리이 중 하나는 이쓰쿠시마 신사에 있는 것으로, 미야지마 섬에 인접한 내해 물속에서 솟아나오는 모습을 하고 있다(2장 첫 번째 사진 참조). 일본의 가게나 가족 기업은 사업 번창의 신을 모시기 위해 각자 작은 사원을 모시고 있다. 요즘의 현대적인 회사나 영리 기업에서도 흔하게 볼 수 있다.

사람들에게 인기 있는 이나리 신은 일본 신사의 3분의 1 이상에서 찾아볼 수 있다.

보통은 여우 형태를 한 이나리稲荷라는 신을 흔히 모신다. 전통적으로 이나리는 쌀 풍작과 관련 있었지만, 지금은 사업

주요 축제(마츠리)

일본인은 사계절의 변화를 매우 좋아하며, 일 년 내내 절기의 변화에 따른 전통과 축제를 즐긴다. 많은 것들이 고대 신도에서 유래된 것이며, 이 중에는 널리 알려져 있고 유명한 것들이 몇 가지 있다. 또한 일본에는 1월 성년의 날(세이진노히)부터 9월 말 추분까지 17개의 국경일이 있다.

쇼가츠(正月)

새해

세츠분(節分)

2월 3일 혹은 4일. 입춘.

히나 마츠리(雛祭)

3월 3일. 여자아이들을 위한 인형 축제.

타나바타(棚機, 七夕)

7월 7일 혹은 8월 7일. 소원을 적은 종이를 나뭇가지나 대나무에 묶어둠.

오봉(御盆)

7월 15일. 조상의 영혼을 기리기 위해 고향으로 돌아감. 죽은 자들의 영혼을 집으로 혹은 집 밖으로 안내하기 위해 등에 불을 밝힘. 때로는 강에 등을 띄워 보내기도 함.

기온마츠리(祇園祭)

7월 17일. 교토에서 열리며 가마 32대로 유명함.

시치고산(七五三)

11월 15일. 글자 그대로 '7, 5, 3'이라는 뜻으로 3세나 7세 여자아이와 5세나 7세 남자아이가 (보통 전통 복장인 기모노를 입고) 지역의 신사로 가서 건강을 기원함.

나기나타보코는 매년 교토에서 진행되는 기온마츠리의 선두에 서는 가마이다.

참배하러 온 사람들의 기도나 소원이 적혀있는 나무판(에마)이 신사에 매달려 있다.

의 행운과 관련된 신으로 여겨지고 있다. 일본인의 집 안에도 다양한 신도 부적이나 카미다나神棚가 있는 경우가 많다. 카미다나란 그 집을 지켜주는 카미를 소중히 모시는 제단이나 높은 선반을 뜻한다.

【 에마 】

에마絵馬는 신사에서 볼 수 있다. 신에게 올리는 나무판으로 조각과 채색이 되어 있으며, 신에게 소원을 비는 용도로 사용한다. 보통 신이 알아볼 수 있도록 가까운 나무에 묶어두는데, 학생들이 시험에 합격하길 바라며 카미에게 기원을 하는 경우가 가장 흔하다. 에絵는 그림, 마馬는 동물인 말을 의미하는 단어인데, 이는 말이 인간과 신의 중재자 역할을 한다는 오랜 믿음에 기반을 둔 것이다.

【 신도 의식 】

의식은 거의 신관의 지휘하에 치러지며 종종 여성 무속인인 미코巫女, 神子의 도움을 받는다. 신도 의식은 보통 네 가지 단계를 거치는데, 바로 정화, 공물과 숭배, 탄원과 기도, 성찬과 연회가 그것이다. 이 과정은 참여자가 카미와 의사소통하기 위해 준비하기, 카미의 관심을 끌기, 카미에게 소원과 요구사항을 전하기, 다 같이 먹고 마시며 의식 끝내기로 설명할 수 있다. 카미를 즐겁게 할 목적으로 여성 무속인들이 전통춤을 추기도 한다.

지난 1500년간 신도 의식은 새 천황을 뽑을 때 핵심적인 역할을 했는데, 천황이 태양신에게 물려받은 신적인 능력이 일본의 국민들과 땅 그리고 카미와의 관계를 반영하기 때문이다.

신사

【 메이지 신궁 】

1912년 메이지 천황의 사망 이후 건립된 곳으로 천황(이후 1914년 사망한 쇼켄황태후도 함께)을 카미로 소중히 모시고 있다. 도쿄 중심부에 있는 메이지 신궁은 그 규모가 무척 크며 특히 새해 축제 기간 동안 방문자 수가 엄청나다. 메이지 천황은 1868년에 즉위해 일본이 근대 국가로 탈바꿈하는 동안 일본을 다스렸다.

【 야스쿠니 신사 】

이곳은 일본 내에서 가장 논쟁이 많은 신사이다. 일본 중심부에 위치한 야스쿠니 신사는 1869년 메이지 천황이 건립했으며, 천황을 위해 목숨을 바친 사람들을 기리기 위한 용도로 만들었다. 약 250만 명의 위패를 모시고 있는데 그중에는 제2차 세계대전 이후 국제 형사 재판소에서 A급 전범으로 유죄를 선고받은 14명도 포함되어 있다. 여러 일본 총리가 이곳을 공식적으로나 비공식적으로 방문해 국제적인 분노를 불러일으켰다.

이 의식은 혼슈 중부의 나고야 인근 해안에 있는 이세 신궁에서 개최된다. 60년 이상 왕좌를 지켰던 히로히토 천황(연호는 쇼와)이 1989년 사망한 후, 그 뒤를 잇는 새 천황 아키히토(연호는 헤이세이)는 천황 즉위식(다이죠사이)과 신성화의 본질에 대해 검토하고 논의할 수 있도록 처음으로 국민, 언론, 학자들에게 기회를 주었다. 이 의식의 일부는 완전히 비밀리에 진행되지만, 클라이맥스는 신위가 모셔진 신자에서 벌어지는 성찬식 만찬이었을 것이다.

그러므로 일본 문화의 중심에는 자연을 향한 인간의 개입

일본을 위해 목숨을 바친 사람들을 기리기 위해 설립한 야스쿠니 신사

이 있다. 그러나 일본인의 자연과 인간의 관계는 서양의 인식과는 본질적으로 다르다. 서양의 종교적 전통에서는 자연을 신의 단순한 투영으로 여기지만, 일본인은 자연 속에서 절대자의 전형, 절대자의 구체화된 모습을 볼 수도 있다.

불교

야마토 조정 때 한국을 거쳐 일본에 들어온 불교는 6세기부터 이어진 중국 문화 전파의 중요한 수단이었다. 이후 604년 쇼토쿠 태자는 불교와 유교의 정치적, 윤리적 개념을 기반으로 일련의 수칙, 즉 17조 헌법을 공포했고 그 이후 불교는 일본에 거대하고 광범위한 영향을 끼쳤다. 기본적으로 불교는 일본이 선사 시대에서 벗어나 세련되고 깨우친 문명사회가 될 수 있도록 도와주었다.

불교 도입 초기 일본은 불교를 종교적 권력과 세속적 권력의 원천으로 여겼다. 이는 1200년 후에도 마찬가지였는데, 1868년 메이지 유신 전후로 일본의 통치자들은 전도유망한 젊은이들을 선발해 중국으로 가는 대사와 동행시켰다. 온갖

지식의 원천을 직접 배워오라는 의도였다.

불교와 함께 중국의 미술과 공예도 함께 전해졌다. 일본에 세워진 불교 사원(이를테면 나라에 있는 호류지)은 그 자체로 놀라운 건축적인 명작일 뿐만 아니라 청동, 나무, 옻칠 불상, 종교화, 각종 예술 작품의 보관소가 되었다. 이런 작품들은 물론 중국에서 온 것도 있었지만 점점 일본에서 직접 만든 것들도 그 수가 늘어났다.

불교가 널리 전파될 수 있었던 건 도덕성에 대한 가르침, 영적 초월과 깨우침의 방법 때문이 아니라 구원의 가능성 때문이었다. 그리고 깨달은 존재인 부처와 보살의 조각상에 예배를 드리면 그들이 예배자의 삶에 실질적인 도움과 힘을 내려준다는 믿음 또한 포교에 큰 도움이 되었다. 사람들은 불상과 보살상에 신도 전통의 카미보다 더 강력한 마술적인 힘이 서려 있을지도 모른다고 믿었고, 이것이 불교 전래에 중요한 역할을 했다.

일본의 불교는 아미타불과 극락정토라고 알려진 초월 영역을 향한 예배에 집중했다. 개개인은 누구나 극락정토에서 다시 태어나 깨달음을 얻는다고 믿었다. 그러던 중 9세기 두 불교 종파가 등장했다. 구카이가 창시한 밀교인 진언종과 중국에 있

킨카쿠지(금각사)는 교토에 있는 선종 사원이다.

는 불교 성산의 이름을 따 승려 사이초가 창시한 천태종이 그 것이다. 두 종파 모두 원래의 신도 전통과 성공적으로 잘 어우러졌다. 두 종파 모두 마술 같은 주문, 정교한 불화 표현, 굉장히 화려한 의식 절차를 중요하게 여겼는데, 이 모든 것들이 일본 귀족에게는 아주 멋진 요소였지만 일반인에게는 거의 쓸모가 없는 것이었다.

1175년 승려 호넨은 천태종 전통에서 벗어나 극락 세계의 가르침을 수용하는 새로운 움직임을 일으켰다. 그는 특정한 불경을 암송하는 것만으로도 믿음을 통한 구원을 얻을 수 있다며 포괄적인 철학을 설파했다. 그는 자신의 종교를 조도슈(정토종)라 이름지었는데, 조도는 '극락 세계', '슈'는 '학파' 또는 '종파'를 뜻한다. 그의 제자들은 사회 각계 각층에 호넨의 가르침을 전했다. 그중에서 신란(1173~1262년)은 이후 '진정한 극락 세계'라는 뜻으로 조도신슈(정토진종)를 창시했다. 이는 단순히 '믿음 그 자체'를 가르치는 것으로 기독교와 마찬가지로 전문지식이 없는 평신도를 교육하는 것이었다. 그렇다보니 당연히 일본 밖에서도 개종자들이 늘어났다.

정토진종은 일본의 모든 불교 종파(늘 소수종파였지만 사회 상류층 내에서는 가장 영향력 있는 종파였던 선종까지 포함해) 가운데 가장 두

가마쿠라 대불은 13세기 중반에 만들어진 기념비적인 청동 조각상이다.

드러진 종파가 되었으며, 오늘날도 그 위세를 이어가고 있다. 심지어 정토진종 내에서도 10개의 세부 종파가 있다. 가장 크고 가장 오래된 절, 신란의 계보를 이어가고 있는 정토진종의 본산지는 니시혼간지다. 그리고 승려직을 세습하는 건 정토진종의 강력한 전통이다.

신종교 운동

일본 종교는 세계의 다른 신념체계와 마찬가지로 대진리를 재정립하고 재포장하는 가능성을 보여준다. 새로운 '지도자'가 두각을 나타내고, 제자를 모아 무리를 지은 후, 추종자를 끌어모으는 것이 가장 흔한 방식이다.

새로운 흐름 중에서 가장 눈에 띄는 것이 소카갓카이(창가학회)다. 거기서는 천태종 승려 니치렌 다이쇼닌(1222~1282년)이 설파했던 '궁극의 불교' 형태를 가르치는데, 모든 인류는 대의를 향한 헌신, 전념, 회복을 통해 내적인 평화를 얻을 수 있다고 말한다. 그리고 '나는 법화경 안에 몸을 숨긴다'라는 진언을 목판에 새기고, 그것을 '예배의 대상', 즉 본존으로 모시며 그 본존의 효험을 믿는다.

또 다른 움직임에는 '천국의 진리를 전하는 종교' 텐리쿄(천리교)가 있다. 텐리시에 본부를 둔 텐리교는 인간을 창조한 어버이신을 믿는데, 그는 인간이 즐겁게 사는 모습을 보며 기쁨을 느끼기 위해 인간을 창조했다고 한다. 마히카리(세계진광문명교단), 세이초노이에(생장의 집), 릿쇼코세이카이(입정교성회)는 또 다른 종류다.

• 샤머니즘적 풍습 •

오늘날에도 일본의 특정 언덕이나 산에 가면 고대 신앙과 관습을 이어나가는 무당을 볼 수 있다. 빛과 어둠, 천국과 지하세계를 구분하는 신념체계를 가진 무당들은 '다른 세계'와의 관계를 이어가며 이 세계에 카미가 개입할 수 있도록 중간에서 다리 역할을 한다. 무당들은 춤과 트랜스 상태를 통해 카미를 불러오며, 카미는 아픈 사람을 치료해주고 길 잃은 영혼을 구해주는 호의를 베푼다.

이런 관습은 때때로 일본의 소위 '신종교 운동'에도 반영된다. 20세기 후반에 등장한 신종교 운동은 트랜스 상태를 경험하게 하며 길 잃은 영혼을 도와주고 화 난 귀신들 때문에 얻은 병을 치료해주는 능력이 있다고 한다.

1995년 도쿄 지하철 사린가스 공격을 일으켰던 옴신리쿄(옴진리교)는 정화와 회복이라는 비뚤어지고 뒤틀린 개념을 끔찍한 방법으로 표출했다. 이 종파는 끊임없이 고발을 당하고 있다.

> ## • 기온마츠리 •
>
> 일본에서 가징 근 축제(마츠리)는 교토에서 열리는 기온마츠리이며 특히 화려한 가마로 유명하다. 주요 이벤트는 7월 17일에 열린다. 전국적으로 역병이 창궐했던 869년 처음 시작되었다. 일본의 많은 여름 축제가 덥고 습한 날씨 때문에 유발되는 전염병의 근절과 관련 있는데, 기온마츠리 역시 마찬가지다.

종교와 통과의례

일본의 가장 중요한 축제(마츠리)와 기념행사 중에는 갓 태어난 아기가 처음으로 신사를 방문하는 하츠미야마이리初宮参り, 11월에 어린아이들을 위해 열리는 시치고산 축제가 있다. 이렇듯 신도 세계에서는 '새로운 시작'이 아주 중요한 부분을 차지하며 사람들은 카미의 축복을 받고 싶어 한다. 그래서 새해 첫날, 1년 중 첫 농업 활동, 새로운 사업, 새 건물 입주, 새로운 교육과정 등 무언가를 새롭게 시작할 때 사람들은 신도를 찾는다.

신랑과 신부가 신도 결혼식을 위해 전통 복장을 입고 있다.

【 결혼식 】

전통적인 신도 결혼식은 전통 복장(기모노와 치마바지 형태의 하카마를 입는다. 때로는 헤이안 시대 귀족들의 의복을 바탕으로 한 예복을 걸치기도 하며 기다란 예식용 모자를 쓴다)을 하고 검은 홀을 든 사제가 이끈다. 사제는 기도문을 읊고 부부의 머리 위로 정화 지팡이를 흔들어 악귀와 불행을 씻어낸다. 부부는 둘의 결합을 표시하기 위해 술인 사케를 나누어 마신다. 식이 끝나면 손님들은 호화로운 식사를 대접받고 축배를 나눈다.

모든 손님들은 부부에게 줄 선물로 상당한 양의 신권 상태 지폐를 예쁘게 포장해서 준비해오는 것이 풍습이다. 대부분 최고의 호텔에서 식을 열기 때문에 장소 섭외를 포함한 결혼식 비용이 상당히 많이 들며, 이는 신부 가족에게 굉장한 부담이 된다.

신혼여행을 포함해, 이국적이고 재미있는 결혼식을 열고 싶어서 '서양식' 2차 결혼식을 준비하는 커플들도 점점 늘어나는 추세다. 기독교 교회나 예배당 또는 하와이(1순위 여행지), 괌, 호주, 유럽 등 먼 타지에서 결혼식을 여는 것이다. 여기에서 언급된 나라들로 일본 신혼부부의 70%가 신혼여행을 떠난다.

서양의 문화는 결혼 방식에도 영향을 끼쳤다. 원래는 중매인의 도움이 필요했던 전통적인 중매결혼이 단연코 많았는데, 그 대신 연애결혼이 증가하고 있는 것이다. 요즘은 늘어나는 불안감, 고독과 관련한 문제의 증가, 파트너를 찾는 웹사이트와 소셜미디어에 대한 환멸 때문에 중매결혼이 다시 증가하는 추세로, 일본 전체 결혼의 적어도 40%를 차지하는 것으로 보인다.

전통 문화의 양상

외부인의 눈으로 일본을 보면, 현재까지 이어져 내려오는 일본의 전통이 얼마나 많은지 놀랍기만 하다. 특히 전통적인 문화를 추구하는 데 있어서는 더더욱 그러하다. 일본이 추구하는 데 있어서는 순수한 우아함의 궁극적 표현인 다도, 이케바나(일본 꽃꽂이), 서예, 노能(현존하는 최고의 직업 연극으로, 14세기에 생겨난 음악을 동반한 무용극-옮긴이)와 가부키 같은 극예술, 도자기, 칠기, 직조, 염색 같은 공예품, 다양한 무술 등이 모두 해당된다. 시 쓰기(하이쿠와 단카)와 같은 위대한 문학 전통뿐만 아니라 스모 레슬링 같은 오락도 포함해야 할 것이다.

전통 미술 서예는 일본에서 널리 사랑받고 있다.

　이런 전통 문화 기반은 일본인들에게 무척이나 중요하다. 특히나 급속하게 변하는 첨단 기술 시대, 재건과 회복의 전후 시대에는 더더욱 그랬다. 그런 의미에서 1950년대 일본 정부는 '무형문화유산법률'로 알려진 법을 통과시켰다. 이 법은 뛰어난 기술을 가진 다양한 분야의 일류 장인을 '살아 있는 국가의 보물'로 칭함으로써 예우한다. 매년 새로운 인물이 추가되며, 기술을 개선하고 후계자를 양성하는 무형문화재에게는 매년 정부 보조금이 주어진다.

죽도(시나이)로 켄도를 연습하는 수련생들

    일본의 위대한 하위문화라고 할 만한 것 중에는 사무라이 세계, 더 로맨틱하게 말하면 '무사의 길'인 부시도(무사도)가 있다. 무사도는 특히 서양에 인기가 많아서 전 세계적으로 켄도(검도), 큐도(궁도), 주도(유도), 아이키도(합기도), 가라데(무기 없이 스스로를 방어하는 무술) 등의 무술을 수련하는 사람이 무척 많다.

04

일본인의
가정생활

전통적으로 일본 집은 나무와 짚으로 지으며, 종이를 붙인 미닫이문, 덧문이 달려 있는 미닫이창, 눈과 비, 열기를 막기 위한 처마가 있다. 가구는 거의 없다. 서랍장 몇 개만 있을 뿐 침대나 의자는 없다. 안방 바닥에는 다다미가 깔려 있고 깔고 앉을 방석과 낮은 탁자가 있다. 밤이 되면 두꺼운 요와 침구를 꺼내 바닥에 깔고 잠을 잔다. 즉 방 하나가 식당이자, 거실, 침실이기도 한 것이다.

약 60%의 일본인이 집을 소유하고 있다. 대략 34%는 임대 주택을 이용하고, 나머지는 회사나 지방 정부에서 노동자를 위해 마련한 주택에서 살고 있다. 물론 주요 대도시권일수록 임대 주택의 비율이 훨씬 높다. 일본에서 자기 집을 구입하는 것은 많은 사람들(취업자들)의 꿈이지만, 높은 땅값과 건축비 때문에 점점 더 어려운 일이 되어가고 있다. 만약 대도시에서 일을 한다면 아파트 건물(또는 단지)에서 세를 들어 살 확률이 높다. 교외에서 산다면 출퇴근 시간이 편도 1시간 이상 걸리기 일쑤다.

전통적으로 일본 집은 나무와 짚으로 지으며, 종이를 붙인 미닫이문, 덧문이 달려 있는 미닫이창, 눈과 비, 열기를 막기 위한 처마가 있다. 가구는 거의 없다. 서랍장 몇 개만 있을 뿐 침대나 의자는 없다. 안방 바닥에는 다다미가 깔려 있고 깔고 앉을 방석과 낮은 탁자가 있다. 밤이 되면 찬장에서 두꺼운 요와 침구를 꺼내 바닥에 깔고 잠을 잔다. 즉 방 하나가 식당이자, 거실, 침실이기도 한 것이다.

현대적인 2층 집도 목판 위에 얇은 회반죽을 바른 목재로 짓는다. 지진 대비뿐만 아니라 비용을 절감하기 위해서다. 기울어진 지붕이 초가지붕을 대신한다. 대부분 일본인들은 아파트에 사는 경우에도 전통을 이어받아 방 하나는 다다미방으

토코노마는 일본풍 응접실에 만들어 놓은 벽감 공간으로, 예술 감상을 위한 물품들을 이곳에 전시한다.

로 꾸민다. 그리고 거기에는 미닫이문과 토코노마(객실 상좌에 바닥을 조금 높여 꾸민 곳. 벽에는 족자를 걸고, 꽃이나 장식품을 놓아 둠)가 있다. 토코노마는 바닥에서 천장까지 나무로 장식한 벽감 형식도 있고, 과거 건축 전통에 따라 큰 방의 한쪽 면을 사용하는 경우도 있다. 여기에는 그림 족자를 걸어놓거나 이케바나(꽃꽂이)를 바닥에 조심스럽게 놓아두기도 한다.

전통 스타일의 방 중에는 낮은 탁자 바로 밑을 우묵하게 파서 다리가 들어갈 수 있게 해놓은 것도 있다. 겨울철에는 이 우묵한 곳에 히터(코타츠)를 넣는다(원래 코타츠는 숯을 사용해서 수

많은 화재의 원인이 되었지만, 요즘은 전기를 사용한다). 쿠션을 팔 위치에 두어서 의자에 앉은 것처럼 쉴 수도 있다.

반면 거실이나 침실 같은 다른 방은 서양식 가구로 가득하며 부엌에는 가전제품, 밥솥 같은 편리한 물건들이 많이 있다. 아이들이 주로 사용하는 거실과 아이 방에는 최신 컴퓨터나 가정용 오락 기기가 있다. 텔레비전은 마치 집안의 배경처럼 늘 틀어놓는 경향이 있다.

일본인의 집 방문하기

사업가로서 일본인 호스트의 집을 방문한다는 건 아주 드문 일이다. 왜 그런 걸까. 평균적인 일본인의 집은 서양과 비교하면 훨씬 작으며 친척이 아닌 사람에게는 좀처럼 공개하지 않는다. 가족끼리라도 대접은 주로 집 밖에서 해결한다. 게다가 주부들은 자신이 영어를 잘하지 못하는 것에 굉장히 신경 쓴다. 하지만 보통은 외국인이 다다미에 앉기, 변기를 쪼그려 앉아 쓰기, 일본 음식 먹기 등 일본 풍습에 익숙하지 않을까봐 더 걱정한다. 혹시나 집이 멀리 교외에 있으면 저녁에 손님이 자기 호텔로 돌아가는 것도 쉬운 일이 아니다.

일본인의 가정에 방문하기 위한 준비 과정으로 홈스테이 단체를 이용해볼 수도 있다. 지역 관광객 안내소에 가면 더 자세한 정보를 얻을 수 있다. 일본으로 출발하기 전에 일본 대사관을 방문해보는 것도 좋다. 사실 점점 더 많은 일본 가정이 '호스트 패밀리'로 등록을 하고 있다. 이는 특히 30년 이상 성공적으로 운영되고 있는 JET 대학 졸업자 교육 프로그램과 연계되어 있다.

일본의 목욕

오후로お風呂, 즉 화장실과는 완전히 다른 곳에서 행해지는 목욕은 일본 경험의 정수 중 하나라고 할 수 있다. 우선 일본의 목욕은 욕조 안에서 몸을 깨끗하게 씻는 서양식 개념과는 다르다. 씻는 과정이 욕조 밖에서 일어나기 때문이다. 두 번째로, 예상할 수 있듯이, 욕조가 아주 작다. 대신 깊이가 깊다. 세 번째로 물이 심하게 뜨겁다. 사실 온 가족(일반적으로 두 부모와 두 아이)이 차례로 온수를 즐겨야 하기 때문에 무척 뜨거울 수밖에

· 다다미가 깔려 있는 방에는 슬리퍼를 벗어두고 양말 신은 **발**로 들어간다. 다다미는 아주 고운 짚으로 짜서 깔끔하게 다듬은 매트이기 때문에 신발이 필요 없다. 다다미방에 들어갈 때는 늘 깨끗한 양말을 신는 것이 매우 중요하다.

· 전통적으로 일본인들이 편하게 앉는 자세는 무릎을 꿇고 앉는 것인데 익숙하지 않은 사람(여기에는 요즘 젊은 일본인들까지 포함된다)에게는 몹시 고통스러울 수 있다. 그럴 때 남성들은 책상다리를 하면 되고, (바지를 입은) 여성들은 굽힌 다리를 편한 방향으로 옮겨가며 앉으면 된다.

· 화장실에 들어가기 전에는 종종 'WC'라고 적혀 있는 특별한 슬리퍼를 찾아서 갈아 신도록 한다. 물론 화장실에서 나올 때 다시 갈아 신는 걸 잊지 말아야 한다!

없다. 보통은 아버지/남편이 가장 먼저 목욕을 시작한다(옛날에는 더 많은 가족들이 순서대로 목욕을 해야 했다).

그래서 보통 손님은 가장 먼저, 즉 물이 가장 뜨거울 때 욕조를 쓰게 될 것이다. 욕조에 들어가서 조심조심 욕조 바닥에 미끄러지듯 앉는 과정이 도전의식을 불러일으킨다 해도 과언이 아니다. 하지만 이것은 누구나 겪어보아야 할 경험이다. 혹시나 일본의 화산 온천 지역에 방문하더라도 에티켓은 똑같다고 생각하면 된다.

【 일본 목욕탕 사용하기 】

대기실에서 옷을 벗고 준비된 바구니 중 하나에 옷을 넣는다. 작은 수건을 들고 목욕탕에 들어간다. 안에 다른 사람들이 있다면 수건으로 몸을 살짝 가리도록 하자.

세숫대야와 비누를 챙겨서 준비된 작은 의자에 앉는다. 욕조에서 물을 떠서 몸을 적시고, 비누칠을 한 후 수건을 이용해 몸을 씻는다. 물로 몸을 헹궈낼 때는 비눗물이 욕조 안에 흘러 들어가지 않게 조심한다.

【 일본 화장실 사용하기 】

일본 스타일 화장실에서는 쪼그려 앉는 자세를 해야 한다. 대부분의 서양인들에게 이 자세는 불편하겠지만 위생적이라는 장점이 있다. 변기와 연결된 수도 배관에는 손을 씻기 위한 수도꼭지도 포함되어 있으며, 손 씻는 데 사용한 물은 다시 물탱크로 모이게 된다. 매달려 있는 손잡이는 왼쪽이나 오른쪽으

• 오후로 '체험' •

물론 반드시 목욕탕에 늘어가봐야 한다는 긴 아니디. 히지만 만약 시도해보고 싶다면 필수 지침 몇 가지가 있다.

• 우선 수건을 찬물에 적셔 식힌 다음, 물이 뚝뚝 떨어지는 수건을 머리 위에 올려놓는다.

• 탕 속에 들어가 최대한 빨리 목까지 물에 몸을 담근다. 그런 다음 가만히 앉아 있는다.

• 처음 몇 초는 고통스러울지 몰라도 점점 괜찮아질 것이다.

• 꼼짝 않고 가만히 있는 게 중요하다. 앉은 자세로 오랫동안 가만히 있는다면 목욕을 즐길 수 있게 된 것이다.

• 일단 편안해지면 절대 서둘러 나올 필요는 없다. 일본인들은 몸을 따뜻하게 데우고 피로를 푸는 용도로 목욕탕을 이용한다.

• 목욕탕을 나갈 때는 수건을 꽉 짜서 몸을 닦는데 놀라울 정도로 잘 닦인다. 면으로 된 유카타가 준비되어 있다면 속옷 위에 입도록 한다.

• 남녀 구분 없이 왼쪽 옷자락이 오른쪽 옷자락 위에 오도록 입는다(고인의 옷은 반대로 여민다). 끈(유비)으로 묶는 유카타는 모든 호텔에서 제공된다. 실내복과 잠옷으로 사용할 수 있지만 잘 때 입기는 불편할 수 있다.

로 밀 수 있는데, 방향에 따라 나오는 물의 양이 달라진다. 화장지는 구비되어 있다.

가끔 화장실 문에 잠금 장치가 없을 때가 있다. 일본인들은 화장실 안이 비었든 아니든 일단 밖에서 살살 노크를 하고 안에서 노크 소리가 나는지 기다린다. 일부 서양인들이 화장실 안에 들어가면 사생활 보호를 위해 문이 열리지 않도록 문에 체중을 싣는 경우가 있다고 한다. 이런 행동을 하면 밖에 있는 사람의 입장에서는 문이 고장 났다고 착각할 수 있다.

대가족의 감소

한때는 부모님과 결혼한 자녀가 함께 살거나, 가까운 곳에 사는 것이 일반적이었다. 하지만 이런 경우가 눈에 띄게 줄어들고 있다. 대가족이 살기에는 아파트 공간이 너무 좁은데다 직장이나 취업 문제로 삶의 터전을 옮기는 경우가 많으며, 대가족이 함께하려는 경향 자체가 줄어들고 있기 때문이다.

이런 변화는 일본 특유의 큰 문제, 전후 베이비붐 세대를 필두로 한 인구의 노령화에 악영향을 끼쳤다. 기대 수명은 높아져서 여성은 87.2세(세계 최고), 남성은 81.01세(세계 3위)이지만, 2018년 기혼 부부당 출생률은 1.42명으로 떨어지고 있어서, 노령 인구 관리 문제가 증가하고 있으며, 앞으로도 더욱더 어려워질 것으로 예상된다. 국립 인구 문제 연구소에 따르면 2018년에 인구의 거의 30%가 65세 이상이었고, 2050년까지 그 비율이 40%로 증가할 것으로 예상된다. 이러한 주요 인구 통계학적 변화는 수많은 문제가 뒤따른다. 특히 생산연령인구는 전체 인구의 60% 정도(1970년대 말에는 68%)로 떨어졌다.

자녀와 가족생활

전통적인 가족생활 패턴, 생활양식, 가치 체계의 붕괴('현대적인 것'의 추구라는 명목하에 오랫동안 소비가 미덕으로 여겨져 왔던 일본에서는, 특히 '일회용 소비문화'의 영향이 컸다)와 함께 청소년의 행동과 규율 문제가 대두되었다. 이를테면 집이나 공공장소, 학교에서의 청소년 왕따 문제가 가장 중요한 사회 문제가 된 것이다. 하지만 일본이 처한 이 곤경을 너무 과장할 필요는 없다. 세계대전후 산업화된 세계 각국 중에서 '새롭게 강대국이 된' 다른 여러 나라 역시 비슷한 문제를 겪었다는 것을 알고, 그것이 새로운 기술의 발전과 급격하게 증가된 가처분 소득(포켓머니) 때문에 '즉각적인 만족감'을 추구하는 문화가 발전한 탓이라는 사실을 인지하는 것이 중요하다.

게다가 서양은 이혼율이 어마어마하게 치솟아 이후 결손가정, 복합가정 문제도 심각했지만 지금까지 일본은 그런 문제를 겪을 필요는 없었다. 그러나 '공동의 이상' 또는 '집단주의'에 대해서 점점 일본의 젊은층이 이의를 제기하고 있다. 그런 집단주의 안에서는 '공동체의 대의'를 위해 개인의 욕구를 억제해야 하기 때문이다. 이제는 개인주의와 개인의 성취 추구가 일상생활에서나 예술을 통해서나, 예전에 비해 훨씬 더 자유롭게 표현되고 있다.

하지만 이 모든 것들에도 불구하고 가정에서 어머니의 역할은 여전히 가장 중요하다. 자녀 양육을 책임지고 자녀의 교육을 감독하며 가계를 꾸리는 것까지 모두 책임지고 있다. 1990년대 초반 이후 경기 불황과 시원찮은 경제 상황, 특히 대규모 회사가 시행했던 '종신 고용' 정책의 실패, 어쩔 수 없는 실업률의 증가 등에도 불구하고 일본의 가정에서는 아버지의 모습을 거의 보기 힘들었다. 아침에 일찍 집에서 나가고 밤늦게야 돌아오는 사람이기 때문이다. 하지만 최근의 조사에 따르면 요즘 일본 유부남들은 집안일을 돕는 데 예전보다 더 많은 시간을 쓴다고 한다. 물론 서양 기준으로는 이것도 아주 적은 수준이지만 말이다.

일본은 주5일 근무를 하지만 토요일에는 보통 친구들과 개인적으로 스포츠를 즐기거나 다른 사업적인 약속을 해야 해서, 가족들을 위해 쓸 수 있는 날은 일주일에 단 하루, 일요일뿐이라고 할 수 있다. 그래서 이 일요일을 '가족을 위해 봉사하는 날'이라고도 한다.

일본 사회에서 여성의 역할(때로는 눈에 띄지 않는)이 얼마나 중요한지, 일본 밖에서는 이 중요함을 얼마나 오해하고 있는지 강조할 필요가 있다. 확실히 여성은 가정 내에서 '파워'를 가지고 있어서 교육, 행동, 예산에 대한 결정을 내린다. 그뿐만 아니라 지역 사회 내에서도 지역의 복지나 여러 문제에 적극적으로 참여하고 기여하는 등 아주 중요한 역할을 하고 있다.

그런데 오늘날 새로운 변화의 움직임이 일어나고 있다. 아베 총리가 격감하는 노동 인구를 증진시킬 목적으로 '우머노믹스'를 언급했듯이, 차별적인 남성 주도형 비즈니스 문화를 타파하고 자녀 양육을 끝낸 여성들의 재취업을 권장하려는 시도가 늘고 있다. 지금까지는 이것이 다루기 힘든 문제로 여겨졌지만, 재취업을 원하는 여성과 노년 여성의 숫자가 눈에 띄게 증가하고 있는 것이 현실이다. 2917년 기준 25세와 39세 사이 여성 76%는 직업을 갖고 있으며, 이는 2012년에 비해 6% 증가한 수치이다. 반면 정치에 종사하는 여성의 수는 상원 의원 20%, 하원 의원 10%로 전 세계에서 가장 낮다.

05

여가생활

오늘날 일본의 '여가 세계'는 다른 발달된 산업 국가에서와 마찬가지로 일상생활의 큰 부분을 차지하게 되었다. 특히나 비디오 게임, 신기술 관련 취미, 아니메(애니메이션) 분야는 경이로울 정도로 성장했다. 일본인들은 여가 활동에 더 체계적이고 조직적으로 접근한다. 그리고 또래 집단에 대한 모방 심리 역시 이런 분위기를 조장한다.

여가활동

1980년내 중반민 해도 여가와 여가활동은 부유한 사람들이나 유명인들에게만 국한된 개념이었고 일반인에게는 아주 생소했다. 지역 골프 연습장에서 시간 보내기, 파친코 게임 하기, 영화 보러 가기, 외식, 조깅 같은 것들은 여가에 해당되지 않았다. 여가는 레크리에이션, 건강이나 핸디캡 개선과 관계 있는 것이었다.

하지만 30년이 지난 오늘날 일본의 여가 세계는 다른 발달된 산업 국가에서와 마찬가지로 일상생활의 큰 부분을 차지하게 되었다. 특히나 비디오 게임, 신기술 관련 취미, 애니메이션 분야는 경이로울 정도로 성장했다. 어떻게 보면 일본인들은 서양인들에 비해 휴가 시간이 훨씬 적은데도 여가활동에는 더 열성적인 것 같기도 하다. 왜냐하면 그들은 다른 활동을 할 때도 기본적으로 마찬가지지만, 여가활동에 더 체계적이고 조직적으로 접근하기 때문이다. 그리고 또래 집단에 대한 모방 심리 역시 이런 분위기를 조장한다. 게다가 일본인들은 선천적으로 새로운 것에 대한 열정이 있는 것 같고, 그것이 '좋은 것'이라고 인지하면 현대적인 방향으로의 변하는 것을 즐기는 경향이 있다. 7세기 중국 문화에 대해서도 그랬고 20~21세기 미국 문화에 대해서도 마찬가지였다.

신기하게도 일본의 1등 취미는 파친코다. 아마 지구상에서 가장 고독한 여가활동이 아닐까 싶다. 일본 전역에 있는 파친코장은 그 오락적 가치와는 별개로 실제로 도박의 형태를 띤다. 현금을 걸고 도박하는 것이 실제로 일본에서 불법인 것을 고려해 나중에 파친코장 밖 교환 부스에서 현금으로 바꿀 수 있는 다양한 종류의 상품을 준다.

조금 과장해서 말하자면 일본에서는 기록할 수 있는 모든 것들이 저장되고, 감시당하고, 평가된다고 해도 과언이 아니다. 일본에는 국립 레저 발전 센터라는 곳이 있다(일본은 데이터 처리에 대해서는 세계 최고임이 틀림없다). 거기서 했던 조사 중 하나에 따르면, 여가시간이 중요하다고 말한 사람(35%)이 일하는 시간이 중요하다고 말한 사람(34%)보다 더 많았다. 그러나 일본의 여론 조사는 질문자를 기쁘게 하고 싶어 하는 응답자의 바람 때문에 신뢰도가 굉장히 떨어진다는 점도 언급할 필요가 있겠다.

같은 조사에서 여가 선호도를 물었는데, 응답자가 가장 좋아하는 여가활동은 국내 여행, 외식, 차를 몰고 가는 나들이, 외국 여행이었다. 이 외에 인기가 많은 것은 일본 전역의 클럽과 바에서 찾아볼 수 있는 가라오케(노래방)다. 사실 1994년 일본은 여가활동과 관련해 중요한 단계를 밟았다. 이 해에 기록적인 숫자(1억 1,300만 명)가 해외여행을 떠난 것이다. 2007년까지 그 숫자는 점점 늘었고 가장 인기 있는 관광국가는 중국, 미국, 한국 순이었다. 2018년 일본 국립 관광청에 따르면 매달 약 160만 명이 해외를 나가고(많은 수가 출장), 1년으로 따지면 총 1,900만 명에 이른다고 한다. 주요 목적지는 중국, 한국, 대만, 마카오, 홍콩이었다. 미국 중에서는 하와이와 괌, 유럽에서는 프랑스, 스페인, 독일 순으로 인기가 많았다.

사회생활

평균적인 일본 집의 크기가 아주 소박하다는 것은 누구나 아는 사실이다. 하지만 일본인들의 놀라운 접대 문화, '언제라도 접대할 준비를 갖추어 놓는 문화' 때문에 일본엔 예로부터 모든 수준에서 모든 요구를 시간과 상관없이 충족시킬 수 있는 거대한 서비스 인프라가 마련되어 있다. 그러니 몇 년 전 세계에서 가장 많은 커피숍이 있는 도시로 도쿄가 선정된 것도 전혀 놀라운 일이 아니다.

일본인들은 이런 친밀한 '빌린 공간'을 대단히 중요하고 소중하게 여긴다. 일본 대도시의 시내에서는 이런 작은 식당을 수없이 많이 찾아볼 수 있다. 그리고 셀 수 없이 많은 작은 술집에는 나이 지긋한 여주인이나 여자 매니저 '마마상'이 있는데, 그들은 아주 친절하고 싹싹한 태도로 고객을 극진히 모신다. 그들은 때때로 '사람 관리'의 측면에서 아주 놀라운 재주를 보여주며 늘 변함없이 전문적인 침착함을 유지한다(일본에서 회사 동료와 함께한 술자리에서는 과음이 일반적이지만, 일본인은 상대적으로 술이 약하다. 그래서인지 취한 사람, 어린이, 외국인은 특정한 사회적 위반 행위를 해도 종종 용서받는다).

패밀리 레스토랑 역시 흔하다. 일반적인 가족들은 일요일이면 근처로 외식을 하러 나가거나 소풍을 간다. 이런 서비스 산업과 연예 산업의 기초는 일본 재계가 어마어마한 비용을 예산으로 잡아 철저하게 보호하고 있다. 그리고 그만큼 이익이 많은 분야이므로 국세청에서도 그 큰 예산을 허용한다.

게이샤 그리고 엔터테인먼트 세계

게이사는 춤, 간단한 곡예, 노래 등을 하지만 성매매는 하지 않는 '전문 엔터테이너'이며, 이런 체험을 할 만큼 경제적 여유가 있는 사람들을 위해 공연한다. 역사적으로 게이샤는 여러 가지 오해를 받아왔고 외국인들에게 그 내용이 잘못 전해지기도 했다. 외국인이 게이샤가 있는 곳에 초대받는 일은 흔치 않으며, 오히려 과거에는 훨씬 더 드문 일이었기 때문에 그랬을 수 있다. 그리고 한편으로는 외국인들이 그런 낯선 상황에서 어떻게 행동해야 할지 잘 몰랐기에 여러 오해와 소문이 생겼을 가능성도 있다. 일본이 다른 나라와는 차별된 '남다른 세계'임을 스스로 즐기며 강조해 온 것도 이유 중 하나가 될 수 있다. 난잡한 성 개념에 대해 떠들어대는 것은 인기 있는 기삿거리가 될 수는 있겠지만, 정작 진실과는 거리가 멀다.

일본의 전통적인 게이샤 하우스는 옛 수도 교토의 기온에서 찾아볼 수 있다. 과거 서양의 숙련자-견습생 전통처럼, 마이코(훈련 중인 게이샤)가 온전한 게이샤가 되기 위해서는 몹시 고되고 긴 시간을 보내야만 하며, 수년간 어마어마하게 노력하고 전념해야 한다.

마이코(훈련 중인 게이샤)는 형형색색의 기모노를 입고 매우 화려한 오비를 착용하고 있으며
게이샤와는 차별되는 독특한 화장을 하고 있다.

성매매는 전통적으로 요시와라, 즉 유곽이 중심이 되었으며
오늘날은 '소프랜드(비누를 이용해 마사지를 하는 관행에서 나온 이름)'라
고 알려진 지역에서 찾아볼 수 있다. 그리고 바 또는 클럽에서
접대부들은 손님들의 자존심을 세워주기 위해 허튼 소리를 받
아주고 듣기 좋은 말을 해주면서 관심을 보일 것이다. 뭔가 다

른 서비스를 받고 싶다면 그를 위한 은밀한 방법 역시 준비가 되어 있을 것이다.

이런 맥락에서 나체를 대하는 일본인들의 태도가 다른 외국인들과 사뭇 다르다는 것을 언급하고 가야겠다. 일본인들은 나체에 대해 아무런 거리낌이 없다. 이는 지금은 급속도로 사라져가고 있는 공중목욕탕이나 온천 리조트에 한 번만 가 봐도 바로 알 수 있다.

더 중요한 것은 유대교, 기독교의 도덕관으로 제한 없이 바라보면 일본은 성과 성적 취향에 대해 훨씬 순진하고 훨씬 사무적이라는 점이다. 일본 방문객들은 일본에서의 성이 본질적으로 엔터테인먼트 상품인지, 그리고 늘 그래왔는지 궁금해한다. 게다가 앞서 언급했듯 '파스텔'색 같은 일본 문화의 성격덕분에 여러 상황을 너그럽게 인정하는 분위기가 만들어졌다. 그래서 여러 성적 취향이 충돌하기도 하고, 게이나 레즈비언의 생활 방식이 긍정적인 지위를 얻기도 하며(1914년 설립된 다카라즈카 가극단이 좋은 예가 될 수 있겠다), 도발적인 성적 풍자나 이미지가 광고(잡지, TV, 광고판)에 실리는 것이 흔한 일이 되었다.

다른 여러 일본 문화와 마찬가지로 여기에도 역설적인 요소가 있다. 각종 매체에서 망가를 수용한다는 것이다. 망가는 역사가 오래 된 카툰 형태로 이야기, 특히 종교적인 이야기를 할 때나 정보를 주고받을 때(정부 부처에서 새로운 지침이나 정보를 소개할 때)에도 사용된다. 물론 다른 나라들처럼 어린이들을 위한 것도 어마어마하게 많지만, 폭력적이고 잔인하며 성적으로 노골적인 망가도 많이 있다. 출퇴근하는 샐러리맨이 출발역에서 망가를 샀다가 도착역에서 쓰레기통에 버리는 것이 전형적인 모습이다. 그런 외설적인 쓰레기를 집에 가지고 가는 것은 상상할 수 없기 때문이다. 같은 이유에서, 유럽이나 미국에서 수입된 소프트폰soft porn 잡지는 재활용 쓰레기로 내놓기 전에 학생이나 주부가 창고에서 '교묘한 처리'를 한다. 지워지지 않는 사인펜으로 체모가 노출된 모든 사진에 검은 칠을 하는 것이다.

여가 그리고 일

일본 직장인이 쓸 수 있는 평균 휴가 일수는 1년에 2주 정도다. 하지만 전통적으로 블루컬러나 화이트컬러 직장인이 한 번에 일주일 이상 회사를 비우는 것은 드문 일이다. 며칠 동안 회사를 비우는 것이 적절하고 옳은지 결정할 때는 직업윤리와 집단의식이 여전히 중요하게 작용한다. 또한 승진에 대한 걱정 역시 개입된다.

앞서 언급했듯 식장생활에서 집단 결속력은 매우 중요하다. 목표 설정, 근무시간 외 사교 활동, 야유회 같은 연례행사 모두 이 집단 결속력을 강화하기 위한 것이다.

그렇다보니 가라오케(가라는 '비었다'는 뜻, 오케는 '욕조' 또는 '양동이'를 뜻한다. 이 두 단어가 어떻게 조합이 되었는지는 미스터리다. 오케는 '오케스트라'의 줄임말이 아니다)를 개발한 것이 일본인이라는 사실은 놀랍지도 않다. 가라오케는 1980년대 일본을 휩쓸었고 일본을 방문한 비즈니스맨에게는 여전히 필수 방문지다. 이곳에서 개인의 노래 실력은 전혀 중요하지 않다.

대신 흔쾌히 마이크를 들어 대단한 가수인 척하면 된다. 무엇보다도 함께 참여하고, 웃고, 스스로 웃음거리가 될 마음의 준비를 하는 것이 중요하다. 다들 한 곡씩 노래를 부르고 나면 어색한 분위기가 사라지고 더 친밀한 단계로 접어들 수 있게 된다. 게다가 최근에는 장비가 좋아져서 노래 실력이 좋은 것처럼 꾸며주기도 한다.

문화생활

일본은 19세기 말 아주 열정적으로 근대화(어떤 측면에서는 서구화)를 받아들인 나라임에도 불구하고 전통적인 문화유산을 깊고 폭넓게 지켜나가고 있다는 점에서 무척 놀랍다. 앞서 보았

• 휴가 에티켓 •

일본 기업의 서양 자회사에서 일하던 일본 노동자들은 충격을 받았다. 산드라가 이렇게 말하며 2주짜리 휴가를 떠났기 때문이다. "오, 감사합니다. 2주 동안 이 회사를 안 봐도 된다니." 휴가 엽서가 도착하자 사람들은 더욱 더 놀랐다. "신나게 보내고 있어요! 제가 회사에 없다니 너무 기뻐요! 하하!" 그리고 산드라가 휴가에서 돌아오자 한계에 도달했다. "돌아와서 기쁘냐고요? 아니요, 끔찍해요." 산드라가 자기 책상에 앉으며 이렇게 말했기 때문이다.

산드라의 행동을 지켜본 일본인 동료는 이렇게 조언했다. "일본에서는 휴가를 가더라도 우리가 없는 동안 대신 일을 맡아줄 동료 직원들에게 감사를 표해요. 불편함을 초래해 미안하다고도 하고요. 휴가에서 돌아오면 다시 한번 감사 인사를 하고 작은 선물을 주기도 하지요. 어떤 때는 밀린 일을 처리하기 위해 휴가에서 일찍 돌아오는 경우도 있어요."

듯이 신도와 불교 전통이 이런 연속성에 기반을 마련한 것이 분명해 보인다. 거기에 가업이라는 역사적인 전통도 한몫했다. 몇 세기 동안 각각의 가문에서는 인형 제작, 검 제작, 직물 염색 같은 특정한 공예 기술을 대를 이어 전수시켰다. 가부키, 노, 분라쿠, 쿄겐狂言(노와 비슷한 코믹극) 배우들처럼 예술 분야에도 '가통'이라는 것이 예전부터 있었다.

일본 전통 미술 서예는 인기가 많아서 전국 대회에 매년 수천 명의 사람들이 모이며, 하이쿠 행사는 더 붐빈다. 2000년 역사의 스모에 대한 관심은 겉보기에 더 커지는 것 같지는 않다. 하지만 도쿄를 비롯한 일본 각지에서 매회 15일씩 열리는 6대 토너먼트 대회를 열렬히 응원하는 사람은 여전히 많다. 주도, 켄도, 큐도 같은 오래된 스포츠도 매우 인기가 좋다.

스포츠

현대 스포츠 역시 전쟁 이후 굉장한 성장을 했다. 1936년 처음 소개된 야구는 지금 국가적인 종목이 되어 전국적으로 행해지고 있다. 또한 센트럴리그, 퍼시픽리그, 2개의 리그 시스템을 갖추고 있으며 각 리그에서 6개의 팀이 활동한다. 특히 규슈의 한신고시엔구장에서 전국 고등학교 야구 선수권 대회가 열리는 봄, 가을이 1년 중 가장 열기가 뜨거운 때다. 축구 역시 뿌리를 내리고 있다. 특히 1992년 16개 팀으로 구성된 J 리그가 설립된 후 2002년 월드컵이 열리기까지 10년간 큰 발전을 이루었다.

【럭비】

1874년 4월 영국의 주간지 〈더 그래픽〉에서는 요코하마에서 열린 럭비 경기의 삽화를 실었다. 일본 전통 복장을 입은 선수들이 외국 선수들과 경기를 벌이는 장면이었다. 이렇듯 럭비는 일본인들에게 새로운 게임이 아니었다. 하지만 럭비는 기본적으로 대학에서 진행되는 스포츠였다. 이후 기업을 중심으로 팀이 생겨났지만 이들은 1990년대 초반이 되어서야 드디어 자체 리그를 가진 프로 팀으로 전향되었다. 2015년 럭비 월드컵에서 일본이 성공적인 경기를 보여준 후에야 대중의 관심이 급증했다. 2019년 일본이 럭비 월드컵을 주최했는데, 아시아에서 이 토너먼트가 열린 것은 일본이 최초였다.

【골프】

골프는 완전히 차원이 다르다. 일본에서 골프는 의심의 여지없이 '스포츠의 왕', 국민 열망의 처음이자 끝, 비즈니스 세계에서의 커다란 상으로 여겨지고 있다. 일본에서 골프를 하기 위해서는 세계 어느 곳에서보다 돈이 많이 든다. 대부분의 사람들이 골프를 시작할 엄두도 내지 못하지만 혹시나 하게 된다면 보통 가입비만 50만 달러가 필요하고 매년 5만 달러를 더 지불해야 한다. 일본은 거주 공간 자체에 여유가 거의 없기 때문에 골프가 천문학적으로 비싼 것이 이해가 된다.

통계에 따르면 약 1,800만 명의 일본인이 골프를 즐기는데, 골프 코스가 2,000개가 넘는데도 대부분의 골퍼들은 전국 곳곳에 있는 수천 개의 골프 연습장에서 제한된 경기를 즐긴다. 대부분 사람들은 평생 골프를 연습장에서만 즐기고 연습장용 핸디캡도 있다.

일본의 또 다른 국민 스포츠는 배구다. 특히 여자 배구가 무척 인기 있으며 선수들에게는 엄청난 명예가 주어진다. 일본은 매년 세계 마라톤 대회에 참여하며 도쿄와 오사카 등에서는 국제 마라톤 대회를 개최하기도 한다. 유니버시아드(대학교 학생) 게임도 주최해 수차례 경기를 열기도 했다. 일본인들

도효 위에서 싸움을 벌이는 두 명의 스모 선수.
도효는 모래와 흙을 섞어 만든 단 위에 볏짚으로 만든 새끼줄을 둘러 만든다.

이 가장 관람을 즐기는 스포츠는 스모이며, 가장 참여를 많이 하는 스포츠는 야구이다.

먹고 마시기

【 차 마시기 】

영국과 마찬가지로 일본에서도 차, 이른바 오챠ㅎ※를 마시는 것이 생활의 활력소다. 또한 영국에서처럼 일본에서도 하루 종

일 차를 마신다. 비즈니스 세계에
서도 손님에게는 당연히 차를 대
접히고 미팅 중에도 차를 마신다
일본의 차는 녹색이다. 손잡이 없는
찻잔에 설탕이나 우유 없이 뜨겁게 마신
다. 초보자는 뜨거운 찻잔을 드는 것부터 약간의 연습이 필요
하다. 하마터면 입술을 데거나 찻잔을 떨어트릴 수 있기 때문
이다. 일단 마시기 전에 찻잔 가장자리 온도를 조심스럽게 확
인해보는 것이 가장 좋은 방법이다.

　차는 수 세기 동안 일본 문화의 중심이었다. 차 마시기의
형식상 절차, '다도'는 수백 년 전부터 이어져왔다. 원래는 선종
의 규율 속에서 완벽하게 다듬어진 것이지만, 차를 마시는 관
습 자체는 오랫동안 지배 계급의 문화생활로 굳어져 왔다. 위
대한 '차 명인'으로는 센노 리큐가 있다. 그는 살아 있는 동안
(1522~1591년) '다례'를 정치 역학의 일부로 생활화했다.

【 외식 】

큰맘 먹고 혼자 외출했다가 일본 음식점이나 카페에서 출입을
거부당할 수 있다. 앞에도 언급했듯이 많은 일본 음식점은 영

국의 클럽 같은 '사적인' 공간이기 때문에, 처음 오는 손님은 단골손님의 '소개'가 필요하다. 게다가 일본인들에게는 여전히 외국인에 대한 공포가 있기 때문에 혼자서는 지역 음식이나 관습을 제대로 알기가 힘들다. 하지만 잘 아는 사람과 동행한다면 주방장/주인/종업원의 '이랏샤이(어서 오세요)!'라는 힘찬 인사를 들을 수 있다.

대부분의 일반 음식점에는 유리 진열장이 있는데 거기에

• 오시보리, 뜨거운 수건 •

식사를 하기 전 조그맣게 접어놓은 흰 수건(お絞り; 오시보리)을 받을 때가 있다. 추울 때는 김이 날 정도로 뜨겁게 준비해서 주고 여름에는 뜨겁거나 차갑게 준비해서 준다.

• 수건 한쪽 끝을 잡고 펼친다. 남성들은 우선 얼굴에 올려놓아도 좋다. 그다음 손과 팔을 닦는다.
• 여성들은 보통 손만 닦는다.
• 오시보리는 다시 접어놓아도 되고 식사 중간에 손가락을 닦는 용도로 사용해도 된다.

놀라울 정도로 진짜 같은 음식 모형과 가격표가 있어서, 만약의 경우 종업원을 진열장으로 불러 원하는 음식을 손으로 가리켜도 된다.

일식당에 초대되어 음식 취향을 묻는 질문을 받게 된다면, 보통은 특별히 식당에 알려주어야 할 알레르기가 없는 경우 아무거나 괜찮다고 말하는 것이 최선이다. 왜냐하면 주문을 하는 것은 초대한 사람의 책임이기 때문이다. 각자 자신이 먹을 메뉴를 정하는 서양 식문화와는 달리 일본에서는 혼자 튀지 않도록 모두 주최자의 선택을 따르는 경향이 있다. 그러니 다른 사람과 같은 것을 선택한다고 해도 무관심이나 우유부단함의 표시로 받아들이지 않는다.

오히려 당신의 이해심 덕분에 주변이 모두 크게 안도하게 될 것이다. 내놓은 음식 중에 당신 입에 맞지 않는 것이 있다면, 그냥 손대지 말고 다른 음식에 집중하자. 밥그릇에 든 밥은 모두 먹는 것이 좋다. 일본에서 쌀이란 '성스러운 주식'이며 조금이라도 남기지 않는 것을 존중의 뜻으로 받아들인다.

만약 메뉴가 전통적인 일본 음식이라면, 주변 사람들을 관찰하고 따라하면서 전통적인 식사 예절을 배워보도록 하자. 만약 당신이 주빈이라면 식사를 가장 먼저 시작해야 할 테지만, 일단 식사를 시작하고 난 후에는 다른 사람들을 따라서 먹으면 된다. 만약 일본 음식을 먹지 않기로 했다면, 일본 대도시 곳곳에 '세계 음식'을 파는 음식점이 있으니 걱정할 것 없다. 세계 최고의 중국 음식점 몇 군데가 중국이 아닌 일본에 있을 정도니 말이다. 도쿄에 미슐랭 선정 레스토랑(2019년 기준 13곳)이 파리 포함 세계 어느 곳보다 많다는 사실을 알면 미식가들이 무척 흥미를 가질 것이다!

보통은 프랑스어 '본아페티'와 비슷하게 '이타다키마스(잘 먹겠습니다)'라고 말하면서 가볍게 고개 숙여 인사하며 식사를 시작한다.

대중교통 체계

다른 나라와 비교해 일본의 교통 시스템은 철도 의존 비율이 높다. 1987년 민영화 프로그램의 일환으로 6개의 지역 여객 회사와 1개의 화물 운송 회사로 분리되고, JR 그룹^{Japan Railways Group}으로 이름을 다시 지었다. 게다가 이외에도 작은 지역의 철도 회사가 많이 있다. 도쿄뿐만 아니라 오사카와 나고야를

러시아워의 출퇴근 인구를 피하기만 하면 좀 더 편안한 지하철 여행을 즐길 수 있다.

포함한 8개 도시에 지하철이 있다. 도쿄뿐만 아니라 11개 도시에 지하철 시스템이 운영되고 있다.

다른 산업화된 국가와 마찬가지로 일본의 철도망 역시 국가 기능에서 무척이나 큰 역할을 차지하고 있으며, 비슷한 다른 나라에 비해 무척 꼼꼼하게 관리된다. 일본의 뛰어난 강점 중 하나인 이런 체계적인 처리 방법은 통근 열차 네트워크에서 빛을 발한다. 각각의 통근 열차 문은 정확히 역 플랫폼에 표시된 장소에서 열린다. 이 덕분에 사람들은 자신이 정확히 어디에 서 있어야 할지 알게 되며 결과적으로 열차는 더 빠르고 효율적으로 운행할 수 있게 된다. 특급 열차나 지역 열차에서 이런 과정은 아주 품위 있고 차분하게 진행된다.

그러나 러시아워의 지하철이나 교외 기차에서는 이 과정에 역무원의 도움이 필요하다. 이 역무원은 열차 문이 닫히기 전에 승객들을 열차 안으로 밀어 넣는 역할을 한다. 어떤 승객들은 열차를 타기 위해, 럭비 스크럼처럼 빈틈없는 열차 안으로 몸을 던지기도 한다. 이런 상황에서는 당연히 노인을 위해 자리를 양보하는 젊은이의 모습, 임신한 여성을 위해 길을 터주는 사람들의 모습을 기대할 수 없다.

다른 승객들과 바짝 붙어 있어야 하다보니 문제도 생겼다. 특히 갈 곳 없이 방황하는 손길을 느끼는 여성들이 많아졌다. 때로는 이탈리아에서 당하는 '엉덩이를 꼬집히는 성추행'보다 더 불쾌할 때도 있다고 한다. 이 문제를 해결하기 위해 당국이 여러 노력을 하고 있지만, 경찰도 해결하기가 거의 불가능한 일이다보니 나쁜 관행은 계속 이어지고 있다.

버스나 기차가 사람으로 꽉 차 있다면, 손잡이를 잡은 채 잠시 눈을 붙이고 있는 편이 좋다. 특히 책이나 신문을 들 수조차 없을 정도로 사람들이 꽉 차 있다면 말이다! 장내 방송 설비가 잘 되어 있어서 다음 역이 어디인지 자주 안내해주며,

신칸센 고속 열차는 일본 전역을 여행하는 가장 빠르고 효율적인 방법이다.

심지어 다음 역의 플랫폼은 어느 방향에 있는지도 말해준다. 안내 방송은 일본어로 하며 신칸센(초고속열차, 글자 그대로 '새로운 줄기 선')에서는 영어로도 방송한다.

신칸센은 1964년 도쿄 올림픽이 열렸을 때 처음 개통되었으며, 지금은 일본의 모든 주요 도시와 연결되어 있다. 평균 속력 200mph(320kmph)으로 달리며 30분 이상 늦는 일이 거의 없어 세계에서 가장 믿을 만한 교통망이라 할 수 있다.

어쩌다 사람들로 붐비는 기차(또는 버스)를 타야 한다면, 앞쪽으로 팔을 조금만 뻗고 손바닥은 수직으로 세워 아래위로 팔을 흔든다. 그리고 살짝 고개를 숙여 인사하면서 동시에 '스미마셍(죄송합니다)' 또는 '시츠레이시마스(실례합니다)'라고 말하는 것이 공손한 방법이다.

장거리 기차 여행에서는 카트 서비스 덕분에 먹고 마실 것을 쉽게 구할 수 있다. 남은 쓰레기를 치울 수 있게 비닐봉지도 함께 챙겨준다. 하지만 통근 열차에서 무언가를 먹는 것은 눈살을 찌푸리게 할 수 있다. 흡연 역시 금지되어 있다. 키츠엔코나라 불리는 흡연 구역이 아니라면 플랫폼에서의 흡연도 금지다. 많은 사람들이 출발 전에 오벤토(점심 도시락)을 구입한다.

방문객 그리고 경찰

일본의 도시에는 꼬박 24시간 인력이 배치되어 있는 파출소(코반)가 많이 있다. 여기서 일하는 경찰관들은 주변 지역에 대해 잘 알며 찾기 힘든 주변 주소를 찾을 때도 도움을 준다.

마리화나를 포함한 금지된 약물이나 포르노그래피를 소지한 채 입국하려는 게 아니라면, 그리고 항시 여권을 소지하고 있다면, 방문객들은 경찰과 마주치는 걸 두려워할 필요가 전혀 없다(그러니 호텔/숙소를 나설 때는 꼭 여권을 챙기자!).

사실 일본은 밤낮 구분 없이 세계에서 가장 안전한 국가 중 하나다. 최근 몇 년 사이 일본 경제 위기의 결과로 노숙자 수가 증가했고 공원이나 공공장소를 배회하는 '반항적인' 젊은이들의 수도 늘어났다. 하지만 그들의 존재가 불쾌할 수는 있어도 전혀 위협이 되지는 않는다. 길거리 범죄 역시 매우 드물다. 사실 일본에서는 물건을 잃어버리더라도 누가 훔쳐간 게 아니라면 다시 찾게 될 가능성이 세계 어느 나라보다도 높다.

【야쿠자】

야쿠자는 일본의 역사적이고 사회적인 구조의 일부다. 그들은 엄격하게 훈련된 폭력배이며 온몸에 새겨진 장식적인 문신, 호화로운 리무진, 잘린 새끼손가락 끝마디로 유명하다. 이것들이 모두 야쿠자의 전형적인 특징이다.

그들은 정교한 네트워크 내에서 일하며 매춘이나 마약 같은 갈취 행위로 조직이 운용된다. 건설업에도 깊이 관여하고 있으며 기본적으로 다들 파친코장을 소유하고 있다. 그러나 그들의 활동을 제한하려는 정부와 법의 개입이 무용지물임이 드러나고 있다. 그들은 언론의 관심을 갈망하며 보통 번드르

르한 양복을 입고 값비싼 미국 차를 몰고 다닌다. 일본 경찰은 평소엔 그들의 존재를 그냥 인정하고 심각한 '사건'이 생겼을 때만 개입하려고 한다.

다행히 야쿠자가 외국인 비즈니스맨이나 관광객을 괴롭히는 일은 드물다. 그러니 그들과 마주칠 가능성은 거의 없다고 보면 된다. 혹시나 야쿠자가 운영하는 가게에 가게 되면 멀리하도록 하자.

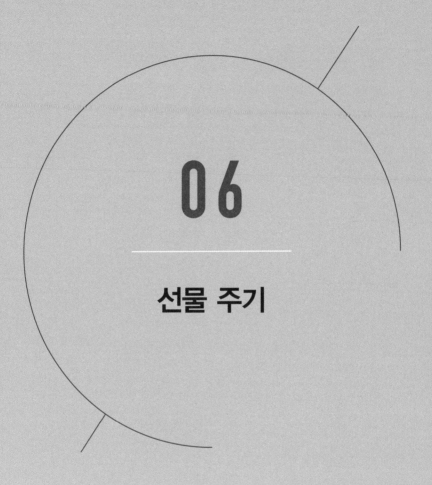

06

선물 주기

근본적으로 일본에서의 선물 주기는 '사회생활의 윤활유'다. 기존의 관계와 서로의 의무를 강화할 뿐만 아니라 넓게 보아 사회적인 상호작용을 매끄럽게 하기 위한 수단이라고 할 수 있다. 결국 이 모든 것은 회사나 조직, 가족, 이웃과 현재의 관계를 지속시키고 행복감을 키워나가기 위한 것이다.

어떻게 하면 도쿄 시민처럼 행동할 수 있을지 배우는 것은 중요하다. 왜냐하면 제임스 클라벨의 소설 『쇼군shogun』 속 우아한 여주인공이 지적하듯이, 실제로 일본에는 일본인들만의 방식이 있기 때문이다. 그나마 다행인 것은 이런 일본인들의 방식이 때때로 얼마나 복잡하고 미묘한지 일본인들 자신도 알고 있으며, 이런 방식을 따르려고 나름대로 애쓰는 외국인들에게 여지없이 너그럽다는 사실이다.

이것은 선물 주기라는 굉장히 의례적인 관습에서도 마찬가지다. 선물을 준비해야 한다는 부담감 때문에 여행 전 출발을 하기 전부터 두통이 생기거나 고통스러울 수 있다. 하지만 실제로는 그렇게 불안해 할 필요가 없다. 일본어로 이런 선물을 오미야게라고 부르는데 말 그대로 '존경의 선물'이라는 뜻이다. 그리고 당신이 무엇을 준비하든 결국 일본인 호스트는 그것을 고맙게 여길 것이다.

근본적으로 일본에서의 선물 주기는 '사회생활의 윤활유'다. 기존의 관계와 서로의 의무를 강화할 뿐만 아니라 넓게 보아 사회적인 상호작용을 매끄럽게 하기 위한 수단이라고 할 수 있다. 결국 이 모든 것은 회사나 조직, 가족, 이웃과 현재의 관계를 지속시키고 행복감을 키워가기 위한 것이다. 그러므로 일본인은 외국인이 이런 것에 대해 잘 알 거라 기대하지 않으며 그다지 상관없는 일이라고 생각한다. 그렇기는 하지만 외국인에게 선물을 받는다면 굉장히 고마워하면서 보답해줄 것이다.

아주 친밀하고 개인적인 관계나 가족 관계가 아니라면, 선물에는 '난 많이 가졌으니 나눠주겠어' 혹은 '이건 특별한 존재인 당신을 위한 것이야' 같은 의미가 없다. 그보다는 의무적인 선물 주고받기의 균형을 맞추는 도구, 무엇보다 관계의 중요성을 계속해서 떠올리게 만드는 도구 정도의 역할을 할 뿐이다.

어떤 종류의 선물을 해야 받을 사람의 상황이나 수준에 잘 맞을지 또는 어떤 답례 선물을 해야 할지 잘 모르겠다면, 회사나 조직 내 내부자의 견해를 따르도록 하자.

선물을 받은 일부 일본인들이 싼 가격의 형식적인 답례용품을 줄 수도 있다. 당신에게 전혀 쓸모없는 물건을 받았다 해도 너무 당황하지 마라. 그것은 당신이 준 선물에 대한 '영수증' 역할일 뿐이고 진짜 답례 선물은 나중에 받게 될 것이다. 물질적인 선물의 답례로 비물질적인 호의를 베풀 수도 있다. 그럴 때 선물 간 '균형'이 맞는지 확인하고 싶다면 주변에 조언을 구하도록 하라.

잘 알다시피 선물은 돌고 돌 수 있다. 당신이 준 선물 중 하나가 이 사람, 저 사람 손을 거쳐 결국 당신 손에 돌아오게 된다는 우스갯소리도 있다. 사실 이런 선물 주기 문화 때문에 가게나 슈퍼마켓에는 정식으로 포장을 한 선물들이 많이 구비되어 있고 포장을 뜯지 않아도 안에 무엇이 들었는지 정확히 알 수 있다. 그러므로 혹시나 예전에 주었던 선물이 다시 손에 들어왔다면 앞일에 대비해 챙겨놓도록 하자.

몇 년 동안 오간 선물의 양이 많다면 어떤 선물을 주고받았는지 세심하게 기록해놓는 것도 좋다. 그러면 '배려심 없게' 선물이 중복되는 실수를 피할 수 있기 때문이다.

물론 보답이 필요하지 않은 선물을 받을 때도 있다. 단순한 감사 표시라는 걸 상호간에 인지하고 있는 경우처럼 말이다. 초등학생이 선생님에게 드리는 선물, 가게 주인이 고객에게 주는 선물, 자동차 회사나 항공사에서 방문객에게 주는 선물 등이 그런 예다.

외국인이라면 기대하지 않은 선물을 받는 바람에 답례를 할 방법이 없는 경우가 생길 수 있다. 이럴 때 너무 심각하게 걱정할 필요는 없다. 그저 선물을 준 사람에 대한 정보를 자세하게 알아놓으면 된다. 그래서 집에 돌아온 후 감사의 의미

• 피해야 할 선물 •

총 개수가 4개나 9개로 이루어진 세트 물품(예를 들면 코스터, 테이블매트, 미니어처술)은 피하자. 이 숫자는 죽음이나 불운을 상징하기 때문이다. 축하 선물은 빨간색이나 흰색으로 포장해야 한다는 것도 기억해두자. 반면에 애도나 추모용 선물은 검은색, 파란색, 녹색, 흰색으로 포장한다.

로 세련되고 우아한 카드를 보내는 것만으로도 충분하다. 혹시 당시에 함께 찍었던 사진이 있다면 동봉해도 좋다. 선물을 주는 문화에서는 선물 포장의 퀄리티가 중요한 역할을 한다는 것 역시 기억해야 한다. 일본은 포장 기술이 매우 뛰어나며, 종종 그 정교함이 예술의 경지에 다다를 때도 있다.

어떤 선물이 좋을까?

고향에서 출발하기 전에 값싼 것부터 비싼 것까지 다양한 선물을 많이 준비하자. 고향의 사진이 들어간 엽서 등의 작은 기념품도 친절함의 표시로 환영받는다.

당신의 고향이 유서 깊은 곳(또는 그런 곳에 가까운 지역)이거나 특정 상품으로 유명한 곳이라면 다양한 기념품을 구매해놓는 것이 좋다. 선물로 주기도 편하고 받는 쪽에서도 좋아하기 때문이다. 기념품과 관련된 역사적인 맥락을 어떻게 설명할지는 미리 준비해두는 것이 현명할 것이다. 대신 설명은 간단명료하게 하도록 하자.

비즈니스 상황에서 선물 목록 1위는 고급 위스키일 것이다. 박스 포장된 위스키를 사자. 시바스 리갈이 인기가 좋다. 나폴레옹 브랜디 역시 비싸지만 좋은 선택이다. 고급 차, 과자류, 박스 포장된 마멀레이드 같은 잼류 역시 훌륭한 선물이 된다. 특히 일본 사업 파트너의 부인을 소개받게 된다면 더더욱 그러하다. 혹시나 준비해 간 선물이 다 동이 나면, 비록 비용은 많이 들겠지만 일본 백화점에서 언제나 다시 보충할 수 있다.

일본에서는 유명 상표의 럭셔리 식품을 손쉽게 구할 수 없기 때문에, 그런 고급 식품을 선물로 준비하면 굉장한 호응을 얻을 수 있을 것이다. 실크 넥타이, 스카프, 기념주화나 우표 세트, 삽화가 포함된 질 좋은 책도 좋은 선물이다. 커프 링크스나 넥타이핀은 착용하는 일본인이 얼마 없기 때문에 피해야 하며, 차라리 기념 티셔츠가 좋은 대안이 될 수 있다. 일본의 비즈니스는 골프와도 밀접한 관계가 있으므로, 가격 부담 때문에 몇 개밖에 못 사더라도 골프 관련 물품도 선물로 좋다. 일반적으로 공항에 있는 면세점에도 박스 포장된 물품이 많다. 하지만 기내에서 면세품을 사는 건 피하도록 하자. 위스키 병이 플라스틱이거나 박스 포장이 되어 있지 않을 수 있다.

일본인은 선물 주기에 대한 집착 때문에 해외여행을 할 때도 독특한 방법을 이용한다. 일본의 주요 공항에는 특별히 '해외여행용' 기념품 가게가 있어서 여행을 떠나기 전에 미리 선물을 구매할 수 있게 되어 있다. 그러면 해외에 나가 있는 동안에는 선물 걱정 없이 지내다가 집으로 돌아가는 길에 미리 사두었던 것을 가져가면 된다. 이 역시 문제를 해결하기 위한 일본 특유의 '조직적인 접근 방법'의 멋진 예라고 할 수 있다!

일본인들은 세계 최고의 사진가들이다. 특별한 이벤트가 있는데 그걸 사진으로 찍어서 남기지 않는다는 것은 사실 일본인으로서는 상상도 할 수 없는 일이다. 그래서 일본인들은 해외여행을 가서 항상 단체 사진을 찍으며, 관광으로 유명한 나라에서는 이런 광경을 흔하게 볼 수 있다. 마찬가지로 당신이 만약 일본에서 지내는 동안 여러 이벤트를 사진으로 남겼다면,

잔뜩 인화해서 귀국할 때 호스트에게 선물하도록 하자. 무척
감사하게 받을 것이다(감사를 표하지 않더라도 너무 좌절하지는 말자).

　일본에서는 특이하게도 위험, 고충, 혼란의 상황에서도 선물
을 주는 관습이 있다. 병원에 입원을 하거나 부상을 당하거나
불, 홍수, 지진 등의 재난을 당한 사람에게 친구, 가족, 이웃들
이 늘 현금 '선물' 봉투에 현금을 넣어서 선물을 준다. 사람들
은 부상이 낫길 바라며 또는 정상 상태로 회복되길 기원하며
'고맙습니다. 모든 게 다 잘 될 겁니다'라는 의미로 현금을 선
물하는 것이다. 그러면 보통 돈을 받은 사람은 그중 절반을 사
용하는 게 보통이다.

　이런 돈을 선물로 주는 전통은 일본 사회의 근본적인 상호
연계성을 강화한다. 그리고 우리에게 재앙이나 고통을 내리는

신을 즐겁게 해야 한다는 신도 전통에 뿌리를 둔 것으로 볼
수도 있다.

【 밸런타인데이 】

요즘 일본의 선물 주기 달력에는 성 밸런타인데이의 일본 버
전이 추가되었다. 이 날은 일종의 광란의 초콜릿 데이다. 이날
소녀들은 특별히 좋아하는 소년에게 다크 초콜릿을 선물한다.
한 달 후 '화이트데이'에는 소년들이 좋아하는 소녀에게 화이
트 초콜릿을 선물한다. 이러한 이벤트가 있는 주에는 백화점
과 슈퍼마켓에는 화려하게 포장된 초콜릿 상품들이 넘쳐난다.

• 선물 주기의 주요 지침 •

• 선물은 꼭 포장을 해야 한다. 일본에서는 음식이나 의례를 포함해 많은 부분에서 그러하듯, 선물을 주는 데도 굉장히 중요한 의미가 있다. 그렇다보니 당연하게도 선물 포장 그 자체가 예술의 하나로 높이 평가되며 광범위하게 활용된다. 그러므로 망설이지 말고 일본인 친구에게 포장을 부탁하자. 아니면 문구점이나 백화점에서 예쁜 포장지와 리본을 직접 구매할 수도 있다. 일본에 와서 선물을 산다면, 점원이 '헐벗은' 당신의 선물을 아주 기쁜 마음으로 포장해줄 것이다.

• 한 번 받은 선물은 거절할 수 없다. 뇌물 같은 '수상한 냄새'만 나지 않는다면 말이다. 혹시나 뇌물을 받았다면 곧바로 돌려주어야 한다.

• 일본인들은 보통 선물을 주면서 그것이 별것 아니라고 말한다. 받는 사람 역시 '받을 자격이 없다'고 하면서 받기를 망설이거나 마지못해 받는 척한다. 그러나 이런 의례적인 대화는 의심의 여지없이 그 결과가 미리 정해져 있다.

• 외국인이라면 선물을 줄 때 일본인들처럼 굳이 선물이 별것 아니라고 말할 필요는 없다. 하지만 그렇다고 선물을 칭찬하거나 이걸 구하느라 얼마나 힘들고 비용이 얼마나 많이 들었는지 언급할 필요도 없다. 괜히 분위기가 이상해지거나 당황스러운 상황이 연출될 수 있다.

• 너무 비싼 선물을 주지 않도록 조심하자. 상대방도 답례로 비싼 선물을 줄 수 있기 때문이다. 그러면 거기에 대한 고마움의 표시로 또 선물을 해야 할수도

있다. 그러면 피차 부담스럽고 돈도 많이 들게 된다.

• 친구들과 이웃 간에는 전통적으로 1년에 2차례, 1년의 중간쯤 오봉 축제와 연말 오세이보 때 선물을 한다. 그런데 점점 후자는 크리스마스 선물을 흉내 내고 있다.

• 일본인의 집에 초대를 받았다면 서양처럼 집에 도착하자마자가 아니라, 집에서 나설 때 선물을 주는 것이 관습이다. 어찌 되었든 선물이 약소하다고 양해를 구해야 하며, 상대방에게도 간단한 감사 인사 이상을 기대하지 마라. 이 과정을 너무 지나치게 반복하고 과장하는 것은 예의에 어긋난다. 어색한 상황을 피하기 위해 선물은 당신이 그 집에서 떠난 뒤 개봉하리라는 것도 기억해두자.

• 일본인들은 전통적으로 선물을 준 사람이 있는 그 자리에서 선물을 개봉하지 않는다. 그래야 선물이 예상했던 것보다 너무 비싸거나 싸더라도, 혹은 선물이 부적절한 것이라도 서로의 체면을 유지할 수 있기 때문이다. 그러나 선물을 준 사람이 꼭 그 자리에서 풀어보기를 원한다면, 고마운 마음으로 개봉할 때도 있다.

07

음식 그리고 음료

일본의 요리에 대해 글을 쓰는 것은 일본의 미학, 철학, 생활 방식의 세계에 들어가는 것과 같다는 말이 있다. 이는 모든 문화에서 사실이라 할 수 있겠지만, 특히 일본에서는 더더욱 맞아 떨어진다고 할 수 있다.

일본인이 해외여행을 가서 겪는 두 번째 어려움은 겐마이차가 없다는 것, 혹은 구하기 힘들다는 것이라는 이야기가 있다. 겐마이차는 녹차와 말린 쌀을 섞은 것으로 향과 맛에서 굉장한 만족감을 준다.

쌀과 생선을 주식으로 먹는 전통 일본 식습관은 세계 여느 나라와도 많이 다르다. 특히 이웃한 동남아시아의 육식 국가들은 전통적으로 강한 향료를 많이 썼으나 일본은 전혀 그렇지 않다. 일본 음식에서 풍미를 좋게 해 주는 것은 콩으로 만든 소스, 커다란 일본 무로 만든 퓌레 정도로 국한되어 있다. 흥미롭게도, 탄수화물과 육류 섭취가 많고 진하고 걸쭉한 다양한 소스를 많이 섭취하는 나라 사람이 일본에 와 있는 동안 일본 식단을 따르면, 소화기가 깨끗하게 정화되는 느낌이 든다고 말한다.

앞서 언급했듯이 일본의 식습관은 최근 수십 년 동안 급속도로 미국화되고 있다. 특히 고기 섭취가 많이 늘었다. 그중에서도 돼지고기(슈니첼 비슷하게 튀긴 커틀릿 형식으로 자주 먹으며 돈카츠라고 불린다. 하지만 아무리 소비량이 늘었다 해도 소고기와 닭고기 소비량을 합친 것에는 비할 바가 아니다), 빵, 감자 등은 일본 주요 도시 곳곳의 패스트푸드점에서 팔리고 있다.

하지만 생각지 못한 부가적인 영향도 있다. 식이의 변화 때문에 거의 두 세대 정도 만에 일본 어린이의 평균 키와 체격에 변화가 생긴 것이다. 2016년 25세에서 29세 사이의 일본 남성 평균 키는 1.71m, 같은 나이의 여성은 1.58m로 커졌다. 전쟁 후 아침 식사로 시리얼과 우유, 꼭 다 같이는 아니더라도 토스트, 베이컨, 달걀 등을 먹는 습관이 퍼지면서 탄수화물과 단백질 섭취가 눈에 띄게 증가한 결과라고 할 수 있다.

일본인들은 이런 외국의 수입품들을 굉장히 성공적으로 받아들여 왔다. 4세기 전 포르투갈인들이 새로운 음식을 소개해 주었을 때처럼 말이다. 덴푸라(생선과 야채를 바싹 튀긴 것)와 나가사키 지역에서 찾아볼 수 있는 카스텔라라는 케이크 종류도 포르투갈에서 전해진 것이다. 그렇긴 해도 일본인들은 적어도 하루 중 한 끼는 밥과 함께 일본식 식사를 한다.

메이지 유신 이후, 일본인들도 서양인들처럼 소고기를 많이 먹자는 취지로 새로운 음식인 스키야키(솥에 얇게 썬 소고기,

파, 다양한 채소를 넣어 조리하는 것으로 탁자에 가열 도구가 비치되어 있다)가 소개되었다.

소고기가 일본 식단의 한 부분을 차지하게는 되었지만, 소고기 섭취량이 결코 급등하지는 못했다. 왜냐하면 제대로 된 소고기 스테이크의 가격이, 그 어느 때보다 요즘은 더욱 대부분의 가정이 감당하기 힘들 정도로 비싸기 때문이다. 더군다나 1800년대 후반까지는 육류를 먹는다는 것은 불교적 가치와 양립할 수 없다고 여겼다.

소를 키울 목초지가 극도로 부족한 점, 수입한 소고기에는 높은 관세를 물리는 점이 하늘을 치솟는 소고기 가격의 주요 원인이라고 할 수 있다. 그중에서도 도축 전에 맥주를 뿌리는 의식으로 유명한 고베 소가 가장 비싸다. 이는 목축업자가 소를 '진정'시키는 과정의 하나로 소에게 맥주를 뿌렸던 것인데, 이것이 결과적으로 부드럽고 촉촉한 스테이크를 생산하는 데 도움을 주었다. 신선한 우유를 제공하기 위해서는 큰 도시 주변에 낙농장도 있어야만 한다. 일본의 주요 낙농 지역은 홋카이도 섬 북부이며, 이곳은 주요 감자 생산지이기도 하다.

• 식사 에티켓 •

• 일본에서는 전통적으로 식사를 하기 전에 '이타다키마스'('잘 먹겠습니다' 또는 구어체로 '어서 먹읍시다'라는 뜻)라고 다 같이 말한다. 프랑스어 '본아페티'나 식전 감사 기도와 비슷하다.

• 종이로 된 포장지 안에서 나무젓가락을 꺼낸 뒤 둘로 쪼갠다. 젓가락은 식사가 도착할 때까지 내려놓는다. 젓가락을 이용해 음식이 들어 있는 그릇에서 음식을 집어 먹으면 된다. (밥그릇을 제외하고는) 따로 덜어먹는 접시나 그릇은 없다.

• 제대로 된 일본 식사에는 늘 밥이 포함되어 있다. 얼마나 정성을 들인 식사인가에 따라 다른 요리가 추가되기도 한다.

• 손님은 하나도 빼놓지 않고 놓여 있는 모든 요리를 조금씩 맛보는 것이 좋다.

• 밥이나 국을 먹을 때는 그릇을 손에 들고 먹는다.

• 한 종류의 음식만 먹는 것은 좋은 매너가 아니다. 하지만 외국인이라면 좋아하지 않는 음식은 건드리지 않고 놔두어도 괜찮다.

• 식사를 하기 전에 밥그릇 뚜껑을 열어 왼쪽에 뒤집어서 둔다. 국그릇 뚜껑은 오른쪽에 뒤집어 둔다.

• 좀 더 능률적으로 먹기 위해 밥그릇을 왼손에 들고 입에 곧장 가져가도 괜찮다. 보통 국은 국그릇에 입을 대고 바로 마신다.

• 밥그릇이 비면 커다란 밥솥에 있는 밥을 더 퍼가도 될지 물어보도록 한다. 그릇을 건네주거나 받는 상황에서는 양손을 모두 이용해 그릇을 드는 것이 예

의바르다.

- 밥그릇에 밥이 남아 있으면 식사를 더 하겠다는 의미로 해석될 수 있다. 식사를 끝냈다는 걸 표시하고 싶다면 젓가락을 이용해 밥 알갱이를 깨끗이 모아 먹도록 하자. 어떤 경우에라도 밥은 남기지 않고 다 먹는 것이 예의다.

- 다 같이 나눠 먹는 요리가 있다면 특별히 제공된 젓가락과 숟가락을 사용한다. 만약 따로 제공된 것이 없다면 젓가락을 뒤집어 깨끗한 쪽으로 음식을 덜어 먹는다.

- 식사가 끝나면 그릇 뚜껑을 다시 덮고 젓가락은 나란히 밥그릇 위에 올려두거나 나무나 도자기로 만든 젓가락 받침에 올려둔다.

- 마지막으로 자리를 뜨면서는 '고-치소-사마-데시타'('잘 먹었습니다' 또는 '음식에 매우 감사드립니다')라고 말하며 가볍게 고개를 숙인다.

다도

일본의 요리에 대해 글을 쓰는 것은 일본의 미학, 철학, 생활 방식의 세계에 들어가는 것과 같다는 말이 있다. 이는 모든 문화에서 사실이라 할 수 있겠지만, 특히 일본에서는 더더욱 맞아 떨어진다고 할 수 있다. 이러한 개념의 전형적인 예가 바로 차노유, 즉 다도라는 아주 오래된 의식이다. 차노유는 오로지 일본에만 존재하는 미학적인 취미이며 가루를 낸 녹차, 즉 말차를 대접하고 마시는 특별한 방법이라고 간단히 설명할 수 있겠다.

차는 8세기 중국에서 일본으로 소개되었지만 말차는 12세기가 될 때까지 전해지지 않았다. 그러다 14세기 말차는 사무라이, 다이묘 같은 지배 계급 사이에서 유행하는 음료가 되었다. 그리고 사회의 상위 계층은 특별한 장소(공부를 하는 서원)에 모여 차를 마시며 중국에서 수입한 회화나 도자기 같은 아름다운 미술 작품을 감상했다.

말차를 마시는 규칙과 과정은 점점 복잡해지다, 1500년대 후반 위대한 선승이자 차 명인, 센노 리큐가 완전히 정리해 굳어졌다. 초기의 과시적인 성격과는 대조적으로, 센노 리큐는 다도의 금욕적이고 정신적인 측면을 강조하면서 오늘날 널리 알려진 차노유의 토대를 마련했다.

그러므로 방문객들은 다도가 선종에 뿌리를 둔 것임을 기억하고, 차노유란 단순히 찻집에서 양식화된 방법으로 녹차 한 잔을 마시는 것이 아니라 그 이상의 의미가 있음을 깨달아야 한다. 선종의 전통에 따르면 다도의 진정한 목적은 자연과

전통적인 다도에 사용되는 도구들

하나가 됨으로서 영혼을 정화하는 것이다. 전통적인 찻집(소

안, 초가집)은 작고 소박하고 고립되어 있으며, 그 장소와 그곳에

있는 당신을 주변 환경과 구분 짓기 위해 아주 작은 출입구가

달려 있다. 언제라도 방문객들은 찻집을 방문해 다도를 감상

할 수 있다. 차를 만들 때 사용하는 손으로 만든 차 사발, 벽

에 붙어 있는 소박한 미술품도 함께 볼 수 있다.

'아름다운' 음식

모든 일본 문화의 특징이라고 할 수 있는 미학적 요소는 차노유가 그 전형을 보여준다고 하는데, 일본 음식의 내용, 구성, 차림새에서도 그 특징이 뚜렷이 드러난다. 어떤 일본 음식은 오로지 아름답게 보이기 위해 제공되기도 한다고 말할 정도다. 수많은 음식이 있지만 그 중에서도 덴푸라 같은 것은 영양도 풍부하고 서양인들에게도 인기가 많다. 이 음식의 기원이 서양(포르투갈)이라서 인기 있는 것일 수도 있다. 어쨌든 음식을 준비하는 사람은 음식의 모양과 색, 거기에 어울리는 그릇까

지 조화를 이루게 하려고 애를 쓴다.

또 일본 방문객의 흥미를 끄는 인기 있는 요리는 앞서 언급한 스키야키, 구운 닭고기인 야키도리, 바로 앞에 놓인 뜨거운 철판에서 구운 큐브 모양 스테이크 데판야키가 있다. 면 요리도 다양한데 굵은 하얀 면 우동, 메밀로 만든 갈색 면 소바는 맛이 있을 뿐 아니라 계절에 따라 뜨겁거나 차갑게 제공된다. 가장 인기 있는 면은 보통은 돼지고기 육수인 라멘이다. 라멘 가게인 라멘야는 일본 어디에서도 쉽게 찾을 수 있다. 덧붙여 말하자면, 일본인들은 후루룩거리며 면을 먹는 모습이 식욕을 돈운다고 생각하니 부담 가질 필요 없이 다 같이 후루룩 맛있게 먹으면 된다.

밥(고항)은 역시 일본의 주식이며 보통 식사의 주요 구성 요소다. 깊은 사발(돈부리)에 담아서 나오며 그 위에 맛있게 익힌 장어나 닭고기와 달걀을 얹기도 한다. 장어와 밥을 함께 먹는 건 우나기 돈부리, 닭고기와 달걀은 글자 그대로 '부모와 아이'라는 뜻의 오야코 돈부리라고 부른다.

외국인들에게 인기 있는 저렴한 음식으로는 글자 그대로 '당신이 가장 좋아하는 것을 굽다'라는 뜻의 오코노미야키가 있다. 탁자 가운데에 있는 철판 위에서 요리하며 잘게 썬 소고기, 돼지고기, 새우, 그 외 다양한 채소 위에 반죽을 부어 오믈렛처럼 굽는다.

생선 요리

일본은 세계 주요 어업 국가 중 하나인 만큼 바다에서 난 재료로 만드는 음식이 셀 수 없이 많다. 일본은 세계 주요 어업 국가 중 하나인 만큼 바다에서 난 재료로 만드는 음식이 셀 수 없이 많다. 익히거나 튀긴 것은 어느 나라 사람에게든 입맛에 익숙할 것이다. 만약 날생선에 거부감이 있다면, 쉽게 접근하기 위해 일본에서 가장 인기 있는 생선 요리인 스시부터 시작하는 것이 좋을 수 있다. 스시는 실제로 일본 음식 중 가장 성공한 수출품이다. 지금까지도 스시를 팔고 있는 슈퍼마켓 체인점 덕분이다. 하지만 일본에서 먹을 수 있는 질 좋은 고급 스시는 무척 비싸다는 것을 알아두자. 일본의 주요 수산 시장은 도쿄에 있는 츠키지 시장이며 한 번 방문해볼 만하다.

얇게 썬 사시미와 같이 곁들인 와사비와 간장

사케에 대한 몇 가지

사케는 전통적인 일본의 청주로 알려져 있다. 알콜 도수는 15도에서 17도 정도지만 더 높은 것도 있다. 사케는 맥주처럼 일본 전역에서 만들어지며(1,500개가 넘는 양조장이 있지만 그 수가 점점 줄어들고 있다), 전문가들은 지역적인 차이를 구분할 수 있다. 사

· 음주 에티켓 ·

• 술잔에 술을 받을 때는 술이 채워지는 동안 잔을 들고 있고 내려놓기 전에 살짝 입술을 축인다. 술잔은 양손으로 드는 것이 예의다.

• 술을 받았으면 반대로 일행의 술잔을 채워주겠다고 제안하라. 원칙적으로 자기 술은 자기가 따르면 안 된다.

• 존경과 우정의 표현으로 다른 사람의 술잔을 건네받을 수도 있다. 고맙게 술잔을 받고 잔을 들어 술을 채운다. 바로 당장은 아니더라도 나중에 깨끗이 비운 당신의 잔을 건네주고 답례로 술을 따라줄 수도 있다.

• 일본 말로 '건배!'는 '간빠이!'다(원래 단어의 의미는 '마른 잔'이다).

• 식사와 함께 즐기는 술로 사케보다 더 인기가 있는 것은 맥주이며 와인의 인기도 높아지고 있다. 서양식 식당이 아니라면 맥주나 사케 중에 선택하라고 할 가능성이 매우 높다.

• 빈 잔은 다시 술잔을 술로 채우고 싶다는 신호가 된다. 그러므로 술을 더 이상 마시고 싶지 않다면 잔을 비우지 말고 채운 채로 둔다.

케에는 드라이, 미디엄, 스위트 등 종류가 있어서 함께 먹는 음식에 따라 고를 수 있다.

보통 조그만 도자기 컵에 따라 마시고, 컵 가장자리에 소금 사케는 절대로 코냑이나 위스키 같은 서양식 증류주와 섞어 마시면 안 된다. 메스꺼움, 구토, 급성 탈수를 일으킬 정도로 치명적일 수 있다. 저녁 식사를 하면서 사케에 이어 맥주를 적당히 마시는 것은 보통 문제가 되지 않는다.

을 살짝 묻혀서 나올 때도 있다. 사케 병을 뜨거운 물속에 담가 방 온도나 체온 정도로 데워먹는 게 일반적인데 여름에는 살짝 시원하게 마시기도 한다. 하지만 사케는 와인처럼 오래 보관하는 것이 아니라서 '빈티지' 사케 같은 것은 없다. 추수가 끝나고 가을에 양조를 시작하면, 이듬해 2월에 과정이 완전히 끝난다. 이 이후 완제품은 여름 내내 보관했다가 완전히 숙성되는 가을(10월)부터 판매에 들어간다.

사케는 공식적인 행사나 기념행사에서도 많이 마신다. 산-산-쿠도 즉 '3곱하기 3'이라는 결혼 의식(신랑과 신부는 총 3잔의 사케를 3번에 걸쳐, 총 9번에 나누어 마신다.), 장례식, 아기가 태어났을 때, 많은 마츠리(축제), 사무실 개업, 기업의 새 출발 같은 때에 사케가 빠질 수 없다. '일본 백주'로 알려진 소주도 있다. 감자,

보리, 쌀 등의 재료로 증류한 소주는 양조해서 만들어지는 사케보다 도수가 훨씬 강하다(25-30도).

일본의 요리 재료

일본 요리에서 흔하게 사용되는 재료들 몇 가지를 정리해보았다.

아지노모토 일본에서 발명된 글루탐산소다로 만든 양념이다. 음식의 맛을 끌어올리는 용도로 두루 사용한다.

토푸 두부로 요리에 다양하게 사용한다.

가츠오부시 말린 가다랑어, 일반적인 일본식 국물을 만들기 위한 기본 재료다. 가다랑어를 단단하게 말린 후 얇게 갈아서 국물을 낼 때 쓴다.

쇼가 생강으로, 갈거나 얇게 저며서 국이나 소스에 사용한다.

와사비 고추냉이로, 가루 형태도 있고 갈아서 사시미나 스시에 고명처럼 얹어 먹는다.

면

사케 양념용

쇼유 간장, 일본에서 가장 흔한 양념. 맑은 간장(우스쿠치)과 진한 간장(코이쿠치)이 있다.

미소 된장, 모든 종류의 일본 요리에 사용한다. 국으로 만들면 일본인의 전통적인 아침 식사가 되며 달콤한 미소와 떡을 함께 먹기도 한다.

외식을 할 때 알아두면 좋은 일본말

앞서 말했듯 일반적인 일본 식당의 입구에는 플라스틱이나 왁스로 만든 식품모형이 가격표와 함께 전시되어 있다. 그러므로 일본어 지식이 전혀 없더라도 자신감을 가지고 식당에 가면 된다. '스미마셍(실례합니다)'이라고 말해서 점원의 관심을 끈 다음, '쇼-윈도 노 요 나'라고 말하면 마음에 드는 것을 쇼윈도 안에서 보았다는 뜻이 된다.

다음, 점원을 식당 입구로 데리고 가 원하는 음식을 가리킨다. 가리키는 음식이 멀리 있으면 '아레 구다사이'(아레는 '저기에 있는 저것'이라는 뜻), 음식이 가까이에 있으면 '소레 구다사이'(여기

이것)'이라고 말하면 된다.

음식이 나오면 '고-치소-사마(잘 먹겠습니다!)'라고 말한다. 다 먹고 계산서를 달라고 할 때는 '오-칸조 구다사이'라고 말한다. 음식 값을 지불하고 나서는 '고-치소-사마데시타(잘 먹었습니다!)'라고 다시 말한다.

08

일본에서 살기

일본을 경험했던 사람은 일본에서 잠시 지내게 될 풋내기를 만나게 되면 그들을 위해 '복음을 전파하고 싶어 한다. 그들이 가장 먼저 하는 이야기는 어쩔 수 없는 근본적인 현실에 대한 이야기로, 일본에서는 '아무것도 변하지 않는다'라는 사실을 이해해야 한다는 것이다. 쉽게 말하면 일본은 일본인을 위해 일본인의 손으로 만들어진 곳이라는 뜻이다.

'국제화(고쿠사이카)'는 1980년대부터 일본의 유행어였다. 일본 정부에서는 일본과 바깥세상과의 유대감을 강조할 목적으로 세간의 주목을 끄는 계획을 순하게 추진했다. 그 중에서도 JET(일본 교류와 교육) 프로그램이 가장 눈에 띄었다. JET는 북미, 오스트레일리아, 영국 등의 대학 졸업자들을 받아들여 일본 학교에서 1년 정도 영어를 가르치게 하는 것이었다. 2012년 이후 매해 증가하고 있으며, 2019년에는 대학원, 학부, 2년제 대학, 기술 전문대학, 직업 전문대학, 일본어 어학원에 다니는 학생 수가 전년에 비해 11.6% 증가하여 312,214명에 이르렀다.

서구 특히 미국이 어마어마한 수준으로 일본에 영향을 끼쳤음에도 일본인(영어 교사 포함) 중에서 영어를 실제로 말할 수 있는 인구가 지극히 적다. 일본 내에는 외국인과 마주치기 힘든 지역도 여전히 많으며 일본인 상당수가 절대로 외국으로 나가지 않고 일본에서만 산다.

해외여행을 떠나 본 일본인 중에서도 많은 수가 단체 여행을 이용했다. 그것도 몇 주가 아닌 며칠짜리 단기 여행이다. 그들은 보통 일본 국적기를 이용하고 일본 호텔에서 묵으며 여행 내내 일본 음식을 먹을 것이다. 사진은 수도 없이 많이 찍겠지만 자기들이 본 것이 무엇인지 그 의미가 무엇인지는 잘 모를

• 시험용 영어 •

일본 학교에서 가르치는 영어는 근본적으로 구어체나 실용 영어가 아니라 문어체 영어다. 일본은 이런 상황을 타파해보려고 수많은 시도를 했지만 이렇다 할 성과를 내지 못했다. '시험용 영어'라고 알려진 이런 영어는 실제 화술과는 무관하며 문법, 어휘, 독해가 위주를 이룬다.

일본 각계의 영어 언어 능력이 이토록 부족한 가장 큰 이유 중 하나는 일본이 국제 사회에서 경제적, 산업적으로는 위상이 높지만 그에 반해 국제적인 조직이나 단체 생활에 견고한 발판을 마련하는 데는 실패했기 때문이다. 예를 들어 일본은 세계 100대 경영 대학원에 하나도 이름을 올리지 못했으며, 최고 경영 대학원으로 알려진 게이오에서는 여전히 교육과 경영 프로그램을 일본어로 진행하고 있다.

것이다. 여행 내내 외국인과는 한 번도 대화를 나누지 않고 나눌 생각도 없을 것이다. 왜냐하면 그들은 영어를 잘 못하기 때문이다. 그렇다보니 '해외' 여행인데도 사실상 일본이라는 테두리에 둘러싸인 채로 지내게 되는 것이다.

이런 유대감에 대한 관념은 일본 비즈니스맨들이 2~3년간의 해외 근무를 끝내고 집에 돌아왔을 때 그걸 축하하는 모습에서 여실히 드러난다. 그 모습은 탕아의 귀환에 기뻐하는 가족들의 모습과 크게 다르지 않다. 동료, 친구, 가족들 역시 비즈니스맨을 반갑게 맞이하면서도, 대체로 해외에서의 경험은 무시하고 다시 새로운 '현실 세계', 즉 일본에 돌아온 사실에만 집중하는 모습을 보인다.

• 돌아온 이들에 대한 거부 •

해외 근무 등의 이유로 가족과 함께 해외에서 살다가 온 일본 어린이들은 또래나 일반 사회 내에 다시 적응하는 데 큰 어려움을 겪는다. 학교 커리큘럼과 관련한 불가피한 문제와는 별개로, 그저 다른 문화권에서 살다 왔다는 이유로 부분적으로 '외국인' 혹은 '아웃사이더'로 인식되는 것이다. 이런 반응이 최악의 형태로 나타난 것이 바로 따돌림이라고 할 수 있다. 이런 상황에 처하는 어린이들의 수가 늘어나고 있다보니 해외에 거주했던 어린이들을 수용하는 특수 '재교육 학교' 수도 증가하고 있다. 장기적으로 보면 이런 어린이들이 일본과 국제 사회가 필요로 하는 숙련된 인적 자원이 되어야 마땅하겠지만, 일본사회 내에서 심한 비난을 받으며 순응주의자로 자라게 된 아이들이 훌륭한 인적 자원으로 인정받는 것은 쉽지 않은 일일 것이다.

국가별 일본 체류 외국인수	
총 2,887,116	
중국	778,112
베트남	448,053
남한	426,908
필리핀	325,000
브라질	208,538
네팔	95,982
인도네시아	66,832
대만	55,872
미국	55,761
태국	53,379
페루	48,256
인도	38,558
미얀마	35,290

• 자료: 일본 법무부, 2020

그렇다보니 일본에서 살기 위해 무엇보다 중요한 것은 이런 일본 특유의 분리와 차이의 감각을 이해하는 것이며, 두 번째로 중요한 것은 '도쿄 시민처럼 살아가기 위한' 황금률을 지켜

나가는 것이다. 다음의 표는 일본에서 사는/일하는 외국인(가이진)의 수를 보여준다. 표에 따르면 현재 일본에서 가장 많은 수를 치지하는 외구인은 중국인이다

한 가지 알아두어야 할 사실은 한국인은 일본에서 따로 분리된 집단으로 취급당한다는 사실이다. 여기에는 한일합병(1910~1945년), 제2차 세계대전 이후 각계각층에서 이루어진 군사적 개입, 민간 개입 등 역사적인 원인이 존재한다. 그 외 나머지 국가 사람들은 모두 '비일본인'으로 취급된다.

일본에 도착했다면 무엇을 반입할 수 있고, 무엇은 반입하면 안 되는지 그 규제를 따르는 것이 예의이며 합리적인 행동이다. 일본 세관원은 대개 공손하며, 집요하고, 매우 철두철미하다. 예를 들어 당신이 만약 할당량(85g 또는 75ml 술 3병, 담배 400개비) 이상의 위스키나 술, 담배를 들여왔다면 적발되기 전에 세관에 신고하고 세금을 내는 것이 좋다. 혹시나 마약이나 포르노그래피를 들일 시도를 했다면 세관원에게 다정한 모습을 기대하지는 않는 것이 좋겠다.

일본에 왔다면 나리타 공항에 도착했을 가능성이 가장 크다. 나리타 공항은 도쿄에서 60km 떨어진 치바현에 있다. 일본이 세계적인 강국이 되기 전, 보잉 747의 시대가 오기 전인

1960년대에 건설이 계획되었기에 소중한 농지에 공항이 지어지는 것을 반발하며 환경 문제를 거론하는 이들이 많았다. 결국 소송에만 몇 년이 소요되었다(1977년 마침내 공항이 문을 열었을 때에도 일부 자작농들은 합의를 하지 못한 채 계속 경작을 이어가고 있었다!). 나리타는 2002년 인근 토지 소유자들의 엄청난 반대에도 저가 항공사를 위한 두 번째 활주로를 열었다. 세 번째 활주로 건설은 아직도 논쟁 중에 있다. 2018년 세 번째 활주로 건설이 결정되었고, 이는 2028년 공개될 예정이다.

공항에서 차로 도쿄까지 가려면 2시간 이상이 걸린다. 회사나 호스트가 제공하는 리무진이 없다면 도쿄역까지 가는 가장 간단하고 빠른 방법은 나리타 익스프레스를 이용하는 것이다(1시간 소요).

한편 도쿄에서 13km밖에 떨어져 있지 않은 곳에 위치한 진짜 도쿄 공항, 하네다 공항은 원래 일본의 국내선 허브 역할을 했었지만, 현재 국제선 이용객이 점점 늘어나고 있다. 팬데믹 관련 규제가 있기 전에는 이곳이 2021년 도쿄 올림픽 게임에 필수적인 곳으로 여겨졌다.

길 찾기

일본에는 외국인의 관점에서 모순적이고 심지어 비논리적인 것이 무척 많다. 일본에 방문한 사람이라면 누구라도 받아들여야 하는 사실이다. 그런 실례 중 대표적인 것 하나는 도로명이나 도로 번호가 제대로 매겨져 있지 않거나 아예 없다는 것이다. 도시 계획법이 제대로 없었기 때문에 도시 발전이 무분별하게 행해졌고, 그 결과 도로명이나 번호가 뒤죽박죽이거나 아예 존재조차 하지 않게 되었다. 그러므로 일본의 대도시에서는 A에서 B로 이동하는 일이 그 무엇보다 도전정신을 요하는 불만스러운 일이 될 수 있다!

그러므로 일본에서 방문할 건물이나 집이 어디인지 모른 채 주소만 가지고 그곳을 찾아가는 것은 일상이라기보다 차라리 인내력 테스트에 버금가는 힘든 일이 될 수 있다. 호텔에서는 일반적으로 간단한 지도까지 그려 택시 기사가 알아보기 쉽게 가는 길을 적어줄 것이다.

하지만 그 장소를 찾아가기 위해 주변 랜드마크 이름까지 들었는데도 불구하고('…다이와 빌딩에서 왼쪽으로 두 도로 위…') 길 찾기에 실패했다면, 결국은 가까운 코반(파출소)에 가서 도움을 구하는 것이 좋다. 물론 파출소를 찾아가는 것도 쉽지는 않겠지만 그곳에 있는 근무 중인 경찰관(어쩌면 영어를 할 줄 모르는)이 할 수 있는 한 많은 정보를 줄 것이다. 한편으로 다행인 것은 복잡한 도로 체계 때문에 일본인들도 길을 묻는 것에 동질감을 느낀다는 사실이다. 그러므로 당신이 이해할 때까지 최대한 자세히 설명을 해줄 것이다(가장 이상적인 방법은 상대방에게 명확한 표시판이 포함된 간단한 지도를 그려달라고 하는 것이다. 당신이 일본어를 할 줄 모른다면 아무리 들어도 방향을 알 수 없을 테니까 말이다!).

일본에서는 아무것도 변하지 않는다

일본을 경험했던 사람은 일본에서 잠시 지내게 될 풋내기를 만나게 되면 그들을 위해 '복음을 전파'하고 싶어 한다. 그들이 가장 먼저 하는 이야기는 어쩔 수 없는 근본적인 현실에 대한 이야기로, 일본에서는 '아무것도 변하지 않는다'라는 사실을 이해해야 한다는 것이다. 쉽게 말하면 일본은 일본인을 위해 일본인의 손으로 만들어진 곳이라는 뜻이다. 어떠한 이로운 변화(특히 외국인을 위한 것)도 한없이 더디기만 하다. 임대주, 지방

도쿄 긴자에 있는 파출소인 코반. 이런 파출소가 있어서 일본 도시에서의 길 찾기가 쉬워진다.

세무서, 상인, 시청에 대한 불만 사항 등 그 어떤 것도 감지할 수 없을 정도로 느리게 천천히 변한다(심지어 변화가 일어나지 않기도 한다!).

일본에는 일본식 방법만 존재한다는 것을 인지해야겠지만, 그러면서도 서로 아끼고 나눔으로써 얻을 수 있는 엄청난 장점도 있다는 것을 잊지 말자. 문제 해결과 관계 개선 과정에서 진심으로 존중, 신중함, 겸손을 보여주면 언젠가는 그 자체가 보상이 되어 돌아올 것이다. 관계에 대한 일본식 접근, 하라게이(직감)의 작용 역시 더 장기적인 미래를 내다보려는 과정의 일부다. 그럼에도 신참들은 유경험자들에게서 좋은 팁을 구할 수 있을 것이다. 일본에서의 풍부한 경험에는 분명히 실용적인 가치가 있을 테니까 말이다.

입국 요건

입국 요건에 대해서는 다른 경로를 통해서 이미 접했을지도 모르겠지만, 여기에서 다시 언급해주는 것도 유용할 것 같다. 미국, 캐나다, 뉴질랜드에서 온 방문객은 관광 비자로 90일간 체류할 수 있다. 영국과 아일랜드 방문객은 180일까지는 비자 없이 관광할 수 있지만, 일단 도착하면 90일 체류를 기본으로 보고 연장이 가능하고, 잠시 출국했다가 다시 들어와야 할 수도 있다. 한국 방문객도 마찬가지다. 여러 국가의 18세에서 30세 사이 젊은이들이 이용할 수 있는 특별한 12개월짜리 파트다임 워킹홀리데이 비지도 있다.

어떤 식으로든 90일 이상 체류하게 되었다면 거주하는 지역의 구청MWO에서 만들어주는 외국인 등록증 카드ARC를 발급받아야 하며 카드는 항시 휴대해야 한다. 그리고 구청에서는 지문을 채취한다. 이 때문에 몇 년간 첨예한 논쟁이 많았지만 여전히 외국인 거주자를 위한 '정당한 법 절차'의 일부로 유지되고 있다.

사업차 혹은 휴가로 일본을 떠나게 되었다면 출국하기 전에 재입국허가서를 발급받아야 한다는 것을 잊지 않도록 하자. 혹시 이를 잊었다가는 외국인 등록이 취소되어 등록 과정을 처음부터 완전히 새로 해야 할 수도 있다.

게다가 2007년부터 일본은 테러 대책의 일환으로 모든 입국 외국인의 지문을 수집하기 시작했다는 것을 알아두자. 이런 규제에는 '특별한' 외국인 거주자, 다시 말해 역사적으로 민감한 관계에 있는 중국과 일본인 자손까지도 포함되어 있다. 물론 외교관과 16세 이하 어린이는 예외다.

【 각종 일상 정보 】

전기 일본의 가정용 전기는 100볼트 AC로 공급된다. 에어컨이나 중앙난방 시스템 같은 전력 기기를 가동하는 현대적 주택이나 아파트에서는 점점 더 200볼트를 선호하는 경향이 있다.

일본의 달력 일본에서는 모든 공문서에 찍혀 있는 날짜 직인이 특이하다. 현재 천황의 통치 기간에 근거한 날짜를 사용하기 때문이다. 그러므로 새로운 천황이 즉위하면 새로운 이름을 부여받고(현재는 레이와) 달력상 년도도 1년으로 돌아간다. 날짜를 쓰는 순서는 연/달/일이다. 이 공식적인 날짜 기입 방법은 은행이나 우체국에서부터 구청이나 가게까지 일본 전역에서 사용한다.

측량 일본은 미터법을 사용한다.

동물 일본은 동물 친화적인 나라이며 상대적으로 반려 동물을 '수입'하는 것이 쉽다. 고양이는 따로 서류가 필요 없지만 개는 두 가지 서류가 필요하며, 전국적으로 매년 한 번씩 등록 절차를 진행한다(일본이 '절차'의 나라라는 것을 잊지 마라!).

숙박 시설 보통 매우 비싼 '서구식' 아파트와는 별개로 일본식과 서양식이 혼합된 스타일의 아파트가 있으며, 이것도 충분히 만족스러울 것이다. 보통 다다미 방 하나가 있고, 다른 방은 카펫이나 나무 마루가 깔려 있다. 욕실은 샤워기와 욕조용 개별 온수기가 포함되어 있는 일본식에, 일본식 변기가 달려 있을 가능성이 크다. 모든 아파트에는 작은 현관이 딸려 있어 집에 들어가기 전에 현관에서 신발을 벗는다.

방 크기 일본의 방은 바닥 면적을 덮는 다다미 매트의 숫자로 측정한다. 다다미 하나는 대략 2×1m이니 다다미 6장짜리 방은 $12m^2$가 된다.

쓰레기 수거 일본 주요 도시에서는 쓰레기를 자주 수거한다(도쿄의 경우 일주일에 4회 이상). 하지만 쓰레기는 타는 쓰레기와 타지 않는 쓰레기로 분리해 배출해야 한다. 그리고 쓰레기 종류에 따라 수거 날짜와 시간이 구분된다. 필요 없는 가구 같은 대형 쓰레기를 수거하는 날도 따로 있으며 인쇄물 역시 구분해서 버려야 한다.

보험 모든 보험 회사에서 제공하는 보험은 내국인용이든 외국인용이든 재무부의 엄격한 관리를 받기 때문에, 보상 범위와 가격 책정은 실질적으로 균일하다. 모든 보험 계약서는 당연히 일본어로 되어 있지만, 일본 내 국제 보험 회사에서는 다양한 요구를 수용해줄 수 있을 것이다.

건강 일본에서는 진료비용이 굉장히 비싸기 때문에 의료보험을 드는 것이 필수다. 대부분의 외국인들이 필요한 진료를 받기 위해 개인 병원을 이용하는데, 일본국민건강보험(코쿠민 켄코 호켄)에 가입하는 것도 가능하다. 그러나 이 보험은 반드시 100% 보장을 해주지 않으며 병원에 따라 보험 처리가 안 될 수도 있다. 더군다나 일본의 건강보험은 결코 국가 공급 의료의 모범이 아니기 때문에, 환자가 입원해 있으면 그 가족은 다른 간호 서비스의 도움을 받는 것이 보통이다.

의사와 약 일본 대부분의 의사는 전문의다. 외국인을 진료하는 고도로 숙련된 의사들도 많다. 예를 들어 일본 내 국제 호텔에서 아프게 되었다면 영어를 할 수 있는 의사가 대기 중일 것이다. 이와는 별개로, 어쩌다 처방받은 약을 가지고 일본에

갔다면 반입이 안 될 것이다. 따라서 일본 의사에게 다시 처방을 받아야만 한다. 일본은 의료 분야에서 매우 수준이 높고 일본 제약품도 품질이 최상이기 때문에 걱정할 필요는 없다. 약은 진료를 받은 병원에서 받거나 처방전이 있을 때는 약국에서 받으면 된다.

경찰 일본에서 거주를 시작하면 곧 지역 코반(파출소)에서 온 경찰관이 당신을 방문할 것이다. 그리고 경찰관은 간단한 서류에 당신에 대한 정보를 적게 할 것이다.

음식과 물 일본 전역에서 마시는 물은 모두 안전하며 신선한 음식에 대한 기준 역시 일반적으로 매우 높다.

일상생활

일본인들은 특별한 상황이 아니면 악수를 하지 않고 대신 감사의 표시와 인사로 늘 절을 한다. 호텔 엘리베이터를 타면 엘리베이터 승무원이 절을 하고, 백화점 에스컬레이터에 올라타면 안내원이 절을 하며, 기차가 역에서 출발하면 플랫폼에서 역무원이 절을 한다. 심지어 전화를 받으면서도 고개 숙여 인사를 하는 사람들을 볼 수 있을 것이다.

고개 숙여 하는 인사에도 에티켓이 있어서, 노인과 젊은이, 상급자와 부하 간의 위계질서에 따라서 얼마나 많이 얼마나 깊이 절을 할지가 정해진다. 때로는 끊임없이 고개를 숙이는 노인들도 종종 볼 수 있다. 하지만 놀랍게도 이 인사법은 쉽게 체득할 수 있으며, 외국인이라면 정확하고 바른 인사 방법에 대해 크게 걱정하지 않아도 괜찮다. 중요한 것은 제스처이기 때문이다.

일상생활에서 중요한 것으로는 남녀의 역할과 그에 대한 기대다. '사회적'인 행사가 있을 때는 항상 이 문제를 고려해볼 필요가 있다. 예를 들어 자녀가 있는 부부는 보통 공식적인 행사나 저녁 식사 자리에 동반 참석하지 않는다. 그래서 초대에는 응하더라도 아내는 감기에 걸려서 집에 있기로 했다며 자리에 나타나지 않고 남편만 참석할 때가 허다하다.

일본에 갔다면 자신이 수 세기나 된 전통과 사고방식의 '틀을 깰 수' 있다고 생각해서는 안 된다. 그랬다가는 괜히 서로가 고통스러울 수 있으며 때로는 눈물을 보게 되는 수도 있다.

• 일본인 가족 방문하기 •

일본에서 가정집에 초대를 받는 것은 큰 영광이다. 일단 도착했을 때 가족들이 모여 있다면 호스트가 당신을 가족에게 소개한다. 응접실(카쿠마)로 자리를 옮긴 후에는, 호스트가 가족들을 정식으로 한 명씩 소개시켜줄 것이다. 나이 많은 분이 깊이 허리 숙여 인사를 하더라도 놀라지 마라. 당신이 중요한 손님이라는 뜻이다. 당신은 외국인이므로 같은 정도로 응답하지 않아도 무관하다.

• '하지메마시테'는 누군가를 처음 만났을 때 하는 말이다.
• 일반적인 환영 인사는 '요 코소 이랏샤이마시타'와 (음식점에서도 들을 수 있는) '이랏샤이마세'다.
• 당신도 간단하게 '하지메마시테'로 대답할 수 있으며 좀 더 격식을 차리고 싶다면 '도조 요로시쿠'를 덧붙인다(전체 문장의 의미는 '처음 뵙겠습니다. 앞으로도 잘 부탁드립니다'다).

이는 '우정'의 경우에도 마찬가지로 적용된다. 자국식 관계를 일본의 맥락 속에서 강요한다거나 어떤 행동에 대해 자국에서와 같은 결과를 기대한다는 것은 당연히 있을 수 없는 일이다.

마지막으로 누군가의 집을 방문하게 되었다면 예쁘게 포장된(어떤 상황이든지 상관없이 포장의 질은 언제나 중요하다!) 작은 선물을 준비해가는 것이 좋다. 케이크, 비스킷, 과일 정도가 적당하다. 그리고 일본인들은 선물을 받은 즉시 포장을 풀지 않을 수도 있다는 것을 기억해두자.

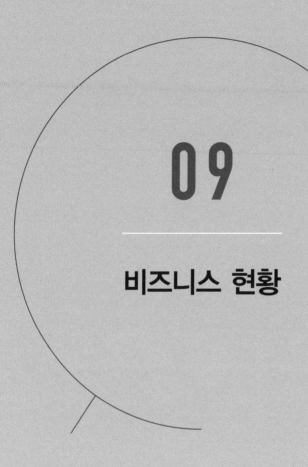

09

비즈니스 현황

일본인에게는 관계가 중요하기 때문에, '무엇을 아느냐'보다 어떤 집단에서 '누구를 아느냐'가 늘 중요하다. 새로운 비즈니스 접촉을 할 때는 양쪽 집단을 다 아는 중개자가 서로를 소개시켜주는 과정이 필수적이며, 이때가 비즈니스의 출발점이 된다.

일본 경제

1980년대 말 일본의 거품경제가 붕괴된 이후, 21세기 초반 20년 동안 일본의 비즈니스 환경은 커다란 문제에 직면했으며 지금도 마찬가지다. 2012년 약 20년간의 디플레이션(더 최근에는 5년 사이 4차례 후퇴)을 겪은 후 아베 신조가 총리로 선출되었으며 그는 곧바로 일본을 위한 복구 계획을 발표했다. 그 계획은 이후 '아베노믹스'로 알려졌으며 소위 '세 개의 화살'로 요약된다. ① 일본 은행의 느슨한 통화 정책, ② 공공사업에 대한 투자를 늘려 재정 확보, ③ 경기 부양과 생산성 증대를 위한 근본적인 구조 개혁이 그것이다.

하지만 곧 이 세 개의 화살은 거의 동시에 표적을 찾지 못했음이 드러났고 아베노믹스의 실패는 명백해졌다. 사실 실패는 시작부터 불 보듯 뻔했다. 기본적으로 해결해야 할 문제가 단기, 심지어 중기적인 노력에도 해결될 수 없는 것들이었기 때문이다. 거대한 쟁점들 중에서도 노동 인구의 감소가 불러온 구인난, 건설노동자의 부족이 큰 문제다. 일부는 2030년이 되면 일본에 부족한 노동자가 800만 명은 될 거라고 예측한다. 그러나 아베 정부가 이민법을 개정했기에, 일본으로 들어오는 노동자도 늘어날 것이다. 하지만 입국 노동자의 자격과 사회적 합의 문제는 언어와 문화적 이슈 때문에 까다로운 상황이다. '복구'의 좌절에 이어, 국내 경기 전망이 밝지 않은 걸로 모자라, 중국의 침체, 전반적인 세계 경제의 둔화까지 더해졌다. 아베 총리는 '임금 상승과 투자 증가를 위해 모아둔 현금을 풀라'고 강력히 권고했지만, 그런 간곡한 간청은 계속 무시당하고 있다. 사업자 입장에서는 아베노믹스와 불안한 국내외 사업 둘 다 믿을 수 없기 때문이다. 일본의 공무원 조직이 정부의 본질적인 개혁을 저해하고 있기에, 일본은 구시대적이고 비타협적인 공무원 조직의 탈바꿈이라는 거대한 임무 역시 눈앞에 두고 있다.

그러나 이런 우울한 상황 속에서도, 도입부에서 언급했듯이, 점진적이기는 하지만 확연한 변화가 서서히 일어나고 있다. 그렇기에 중장기적으로 보면 특히 주요 은행을 포함해 일본 경제를 장악하고 있는 거대 재벌, 케이레츠(계열사)의 기능 안에서 긍정적인 결과가 도출될 수 있을 것으로 보인다. 여기에는 다양한 형태의 협업, 과거에는 아무도 귀 기울이지 않았던 재산 처분 같은 것들이 포함된다. 예를 들어 일본의 자동차 회사 8개 중에, 오직 3개만이 전액 출자 회사다. 더 의미가 있는 것은 일본의 해외 직접 투자[FDI]는 1997년 32억 달러에서 2008년 245억으로 증가했다는 것이다. 일본을 '세계에서 가장 사업하기 좋은 나라'로 만들겠다고 장담한 아베 정부의 약속과 맞물려, 2016년 FDI는 343억 달러로 사상 최고치를 기록했다.

그러나 현재 일본의 사회 경제적인 어려움을 아는 상황에서는, 일부 경제 전문가들이 말하는 것처럼 일본이 불치의 쇠퇴 길에 들어섰다고 설득당하기 쉽다. 이는 물론 일본의 경제, 산업, 기술의 발전이 계속해서 진행되고 있다는 넓은 맥락 속에서는 말이 안 된다. 일본은 여전히 기술 강국이고 일본의 회사들은 혁신과 적용의 선두에 서 있다. 일본의 대중문화와 엔터테인먼트 산업은 특히 발전해서, 아니메, 패션, 영화, 망가, 팝 음악, 비디오 게임은 전 세계적으로 굉장히 인기를 끌고 있다. 자동차부터 캠코더까지 일본의 '고급' 상품 역시 세계적으로 여전히 경쟁력이 있다. 그러나 텔레비전이나 PC 같은 전통적인 가전제품의 수요는 하락했기에, 애플의 아이폰용 스크린을 만드는 샤프는 둥근 TV를 포함해 다양한 형태로 변형 가능한 디스플레이 스크린을 곧 출시할 예정이며, 자동차와 비행기용 디스플레이 회사로는 여전히 세계 선두에 있다. 파나소닉은 미국 전기차 제작사 테슬러에 배터리를 공급하고 있다.

2014년에는 청색 발광다이오드를 개발하던 과학자 세 명이 노벨 물리학상을 수상했다. 일본의 활발한 R&D(연구 개발) 환경의 광범위한 맥락에서 상징적인 업적이라고 할 수 있다. 현재 정부는 기초 연구를 희생하면서까지 산업과 사회에 즉각적인 이익을 내놓을 수 있는 소위 '전략적인' 연구를 선호하고 있지만 말이다.

더군다나 언어의 어려움에도 불구하고 일본은 그 어느 때보다 국제 문제에 적극적으로 참여하고 있으며, 개발도상국에 대한 원조 프로그램에도 크게 기여하여 국민총소득^{GNI}의 0.23%를 지출하는 세계에서 네 번째로 큰 공여국이 되었다. 이들의 주요 초점은 아시아의 인프라 개발에 있다.

소개받을 때의 중요 사항

일본인에게는 관계가 중요하기 때문에, '무엇을 아느냐'보다 어떤 집단에서 '누구를 아느냐'가 늘 중요하다. 새로운 비즈니스 접촉을 할 때는 양쪽 집단을 다 아는 중개자가 서로를 소개시켜주는 과정이 필수적이며, 이때가 비즈니스의 출발점이 된다.

소개를 받을 때 일본 비즈니스맨은 맨 처음 명함(메이시)를 주고받을 것이다. 반드시 명함을 준비하도록 하고, 반대편에 일본어로 번역이 되어 있으면 더욱 이상적이다. 출발 전 항공사에 이런 서비스가 있는지 확인하자. 시간이 여의치 않다면 미리 준비를 해두었다가 호텔에 체크인을 하자마자 인쇄를 하라. 일본에서는 명함이 없으면 당신도 존재하지 않는다는 걸 기억하라!

시간 엄수는 예의의 표현이므로, 약속 장소에 늦게 도착하면 기존의 위상이 추락할 수 있을 뿐만 아니라 체면이 깎이고 상대에게 일정 정도의 적의를 일으킬 수도 있다. 게다가 어떤 변명을 해도 소용이 없다. 특히 누구에게나 예외 없이 영향을 끼치는 교통 상황 같은 것을 핑계로 대지 마라(당신이 일본에 처음 방문하는 사람이라도 예외는 없다). 변명을 하기보다는 아낌없는 사과와 겸손한 몸가짐을 보여주는 것이 더 적절하다.

복장 또한 중요하다. 일본에서는 아직 넥타이를 꼭 해야 하며, 미국과 영국에서는 비즈니스맨들 사이에서 캐주얼한 옷차림이 점점 늘어나는 추세지만 일본은 그럴 기색이 보이지 않는다. 세련된 옷차림이 여전히 중요하다. 요란한 색도 피해야 한다. 전통적인 일본 비즈니스맨의 옷차림은 흰 셔츠에 단조로운 넥타이, 짙은 파란색 양복이기 때문이다. 일본말로 양복은 세비로인데, 이는 'Savile Row(새빌 거리)', 영국 런던의 '신사용' 양복점의 중심지에서 유래했다. 여기에 덧붙여 바른 행동거지 역시 중요하다. 너무 느긋하거나 태평스러운 모습을 보이면 예의가 없거나 '본데없는 인간'으로 보일 수 있다.

그렇긴 해도 고이즈미 주니치로(2001~2006년) 총리하에서 잠시 비즈니스 패션과 관련해 변화의 바람이 불었던 적이 있다. 임기 말에 내세운 '쿨비즈'라는 정책은 여름철 에어컨 사용으

• 명함(메이시) 교환 •

• 가장 흔한 식으로 악수를 하거나 고개 숙여 절을 한 후(가끔은 둘 다를 한 후), 가볍게 고개를 숙이며 명함을 건네고, 처음 만난 상대방에게도 명함을 받는다 (일반적으로 방문객이 먼저 명함을 내민다). 바로 읽을 수 있도록 글자가 있는 면이 위로 가게 해서 준다.

• 상대방이 조그맣게 소리 내어 명함을 읽을 수도 있다. 이는 당신이 중요한 사람이라는 의미다. 당신의 명함이 당신의 '얼굴'이며, 그러므로 굉장히 개인적인 아이템이라는 것을 기억하라.

• 명함을 받으면 찬찬히 읽어본다. 일본어로만 쓰여 있으면 당황하지 말고 해석을 요구하자.

• 일본인은 늘 성을 먼저 쓰고 이름을 뒤에 쓴다. 낯선 사람들 사이에서 이름을 부르는 것은 매운 드문 일이므로, 성이 무엇인지 빨리 파악한 다음 거기에 ○○상을 붙여 호칭으로 한다. 성이 모리타라면 '모리타 상'이 된다.

• 자리에 앉으면 탁자나 팔걸이 위에 보이게 두는 것이 예의다.

• 마지막으로 그 명함이 당신에게 중요하다는 것을 보여주기 위해 지갑이나 명함집에 명함을 챙겨 넣는다.

• 하루를 마무리하면서 받았던 명함에 키워드(어떤 직무를 맡은 사람인지를 포함해)를 적어 넣는다. 나중에 누가 누구인지 선뜻 알아볼 수 있도록 하기 위함이다. 상대방이 보는 앞에서는 명함에 뭔가를 적어서는 안 된다. 셔츠 주머니나 바지 뒷주머니에 명함을 넣어서도 안 된다.

• 명함집은 문구점에서 살 수 있다.

• **중요** : 일본에서 명함은 인간관계의 중요한 연결 수단이 되므로 잃어버리지 말고, 그것을 준 사람이 어떤 지위에 있는지(필요하면 물어봐서라도) 알아두어야 한다. 당신의 명함을 다른 사람에게 주어야 하는 상황도 무척 자주 생길 것이다.

로 인한 탄소 배출을 줄이기 위해 실내 온도를 28도로 고정하고, 대신 높아진 근무지 온도를 고려해 '넥타이와 재킷 없는' 옷차림을 장려하는 것이었다. '쿨비즈' 캠페인(실제로 수많은 혼란을 야기했지만)은 결코 중단되지 않았고, '노 타이 노 재킷'이 곧바로 '일상 비즈니스 복장'이 되었다. 하지만 높은 온도 때문에 직장인들의 능률이 얼마나 많이 저하되었을지는 알 수 없는 일이다.

이런 맥락에서 향수와 데오도란트의 사용에 관해서도 알아보자. 알다시피 체취와 청결은 민감한 문제다. 일본인들은 일반적으로 향수, 애프터세이브 등을 과하게 사용하지 않는다. 그러므로 특히나 비즈니스 상황에서는 지나가면 냄새의 '흔적'이 남을 정도로 진한 향수는 사용을 금해야 한다. 마찬가지로 피어싱이나 문신 역시 신중하게 가리는 것이 좋겠다.

일본인들은 집단의 결속을 무척 중요하게 생각해 배웅과 마중을 일상적으로 여긴다. 기차역이나 공항에서 누군가를 배웅하는 무리들을 쉽게 볼 수 있을 텐데 이것이 굉장히 뭉클한 장면을 연출할 수도 있다. 고위 간부가 새로운 지역으로 전근을 가는 상황이라면, 배웅하는 사람들은 애정과 행운의 표시로 '반자이(만세)!'를 세 차례 외치는 모습도 볼 수 있다.

의사소통의 측면

일본에서는 당연히 영어가 공용어로 인식되고 있지만, 그 회사가 어떤 활동과 업무를 하느냐에 따라 다른 외국어를 능숙하게 하는 사람도 많다. 당신이 일본에서 비즈니스 때문에 만나게 될 사람들 대부분은 외국인과 상호작용할 수 있도록 특별히 선출된 사람이며 영어에 능숙할 것이다. 회의 자리에서는 일본어로만 대화하는 고위급들이 있을 수 있겠지만, 그들 역시 영어로 말을 하지는 못해도 잘 알아듣는 경우가 많다.

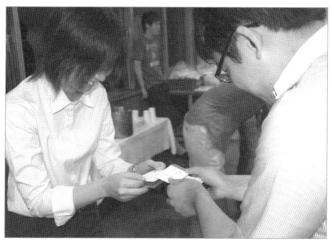

명함을 주고받는 올바른 매너

상대가 수적으로 우세해도 놀라지 마라. 큰 회사에서는 나이와 서열 간의 상관관계를 볼 수 있을 것이다. 이는 나이를 중요하게 여기는 일본식 개념과 고용 체계 때문이다. 일부 외국 회사는 중요한 회의에 젊은 매니저를 보내는 실수를 하기도 하는데, 이는 환영받지 못할 행동이다.

당신이 한 말에 대해 장황한 통역이 뒤따를 수도 있고, 일본인들끼리 회의를 할 수도 있지만, 이런 상황에 겁을 먹지 않는 것이 중요하며 느긋한 마음으로 집중을 하도록 한다. 말을 하고 있지 않더라도 당신이 적극적으로 회의에 참여하고 있다는 것을 보디랭귀지로 보여줄 수도 있다. 말은 천천히, 가능한 한 또렷하게 한다. 그렇다고 너무 느리게 말하거나 목소리를 높일 필요는 없다. 이는 모욕감을 줄 수도 있기 때문이다. 통역 과정에서 언제나 오해가 생길 수 있다는 것을 기억하자. 자연스럽게 대화하는 상황에서도 말의 뉘앙스, 서로 다른 견해, 보디랭귀지의 차이 때문에 언제라도 오해는 생길 수 있다.

방을 안내 받으면 호스트가 가리키는 자리에 앉는다(보통은 당신이 앉아야 할 자리로 안내해준다). 상석과 그 외 중요도에 따른 자리 배치는 미리부터 정해져 있기 때문이다. 특히 일본 전통 집에서도 이는 마찬가지다.

일본인은 일반적으로 방에서보다 호텔 로비에서 회의를 하는 것을 더 좋아한다. 상황이 여의치 않으면 바로 자리를 옮기자고 제안하라. 그런 공개된 장소에서는 주위 낯선 사람들이 이야기를 엿들을 수도 있기 때문에 일본인들은 그 제안을 받아들일 것이다. 일부러 들으려 한 것이 아니라 들린 것이고, 보려고 한 것이 아니라 보인 것이지만 말이다.

일본에 방문한 사람들은 일본에서 규칙적인 의사소통이 거시적으로나 미시적으로나 얼마나 중요한지 금방 눈치 채게 될 것이다. 회사의 부서 안에서는 끊임없이 회의가 열리고, 회사 밖과도 끊임없이 의사소통을 한다. 자신의 집단을 벗어나 홀로 업무 때문에 일본 내 다른 지역으로 특히나 외국으로 나가게 된 사람은 아주 사소한 소식이 있어도 회사와 자주 전화통화를 하고 메일을 보낸다. 이 '매우 긴밀한 관계'는 긍정적이고 원활하게 관계를 유지하기 위해 필수적인 것으로 보인다. 거시적으로 보았을 때는, 일본 전체가 하루 24시간 서로 연락을 주고받는다는 느낌이 들 때가 있다. 그래서 1990년 말 일본이 휴대전화 최대 사용국 중 하나가 되었다는 것도 그리 놀랍지 않았다.

따라서 함께 일하는 일본인들과 이런 관습을 유지하는 것도 나쁘지 않다. 특히 고향으로 돌아간 뒤에도 사진, 크리스마스카드, 연하장 등으로 여전히 관심이 있다는 것을 표현하면 좋다.

비즈니스에서의 여성

사업 분야나 정부에서 중요한 자리에 여성을 임명하며 이목을 끌어보려는 시도는 여러 차례 있었지만, 아직도 일본 직장에서 여성은 일반적으로 차별을 받고 있으며 남성 동료들에 비해 30~40% 적은 임금을 받는다. 사실 일본 사회는 매우 남성 중심적이며, 아주 점진적으로는 변하고 있는지는 모르겠지만 개선의 조짐이 보이지 않는다. 아베 총리의 '아베노믹스' 구상에는 가족을 부양하고 직장에 복귀하는 여성들을 늘리는 내용이 포함돼 있지만, 이것이 큰 영향을 끼칠 거라 믿는 사람은 거의 없다. 첫 아이를 낳고 직장에 복귀하는 여성은 현재 53% 밖에 되지 않지만 그 수는 점점 늘어나고 있다. 정부 자료에 따르면 일본의 고갈된 노동 시장에 비교적 빠르게 투입될 수 있는 '(여성)노동자'가 잠재적으로 200만 명 이상은 된다고 한다.

그래서 서양의 비즈니스우먼들은 일본에서 자신을 상대할

비즈니스우먼을 만나기가 쉽지 않고, 지극히 남성적인 근무 환경 속에서, 그리고 근무 시간 후 접대 과정에서 매우 특이한 존재로 보이기 쉽다. 서양의 비즈니스우먼이 남자 동료와 함께 일본을 처음 방문하게 되면 그 누구보다 소중한 가이진 오캬쿠–사마(귀한 외국인 손님)로 극진한 대접을 받게 될 것이다. 하지만 그 후 점점 자신의 성별 때문에 미묘하게 차별을 당한다는 사실을 깨닫게 될 것이며, 때로는 대놓고 차별을 겪을 수도 있다. 결정적으로 일본인 남성 동료들의 적대적인 행동 때문에 수모를 겪을 가능성도 있다. 그리고 그 비즈니스우먼은 근무 시간 후 술자리, 특히 격식을 차린 파티에는 초대되지만, 그녀가 아무리 중요한 손님이라고 해도 그 이후에 열리는 2차 파티에는 초대받지 못할 가능성이 크다. 그런 사적인 2차 파티에는 특별히 중요한 손님을 위해 여성 접대부를 부르는 경우가 많기 때문이다.

그럼에도 다행인 것은 위험을 무릅쓰고 일본에 혼자 와 있는 여성들을 향한 성추행은 거의 없다는 것이다. 파티에서 과음을 한 일본 남성들이 성관계를 원한다든가 만지거나 꼬집을 수 있지만 그 자리에서 바로 문제를 제기하면, 사과를 받고 그 이상의 접촉을 피할 수 있다.

2003년 이 책의 초판이 발행된 후 지금까지 노동 인구에 해당하는 숫자는 기록적으로 변했지만, 비즈니스에서 여성의 모습은 거의 변한 것이 없었다. 직장 내 성추행 역시 좀처럼 일어나지 않았다. 하지만 일본 철도에서는 증가하는 열차 내 성추행을 막기 위해서 출퇴근 시간 지하철에 여성 전용 객차를 마련할 정도로 문제가 많다.

일본인 부인들은 일반적으로 남편의 사업상 접대에서 배제된다. 외국인 부인들도 역시나 거의 초대받지 못한다. 하지만 일본 비즈니스 환경의 '국제화'로 제대로 준비된 공식 행사에는 외국인 부인을 초대하는 경우가 점점 늘고 있다. 하지만 부인들은 행사에 참석하더라도 일본인 호스트가 영어를 잘 못하는 탓에 대화에 참여하는 것은 기대할 수 없을 뿐더러 (대사관 행사를 제외하면) 호스트의 부인들과 만날 가능성도 낮다.

여성도 남성과 마찬가지로 보수적이라 짙은 색 정장이나 원피스(항상 스타킹을 신는다)를 주로 입는다. 일본 여성들은 보통 키가 작기 때문에 하이힐은 피하고 '적당한' 굽을 선택하자. 항상 격식을 갖추고, 지나친 친밀감의 표현, 애칭, 약칭은 늘 금물이다. 화장은 단정하게 향수 사용은 신중하게 하는 것이 좋다.

· 절에 대한 고찰 ·

일본식 절은 의도적인 비언어 의사소통을 가장 손쉽게 인식할 수 있는 형태로 바꾼 것이라는 말이 있다. 고개 숙여 절을 하면 눈 맞춤을 중요하게 생각하는 서양인들과는 달리 눈을 맞추지 않고도 존경을 표현할 수 있다. 절을 할 때 당신은 가장 심오한 단계에서 의사소통을 하고 있는 것이다.

절을 함으로써 아주 다양한 비언어적 메시지를 전달할 수 있다. 이를 테면 첫 만남의 반가움, 작별, 감사, 인정, 사과 등 일정 정도의 친근함을 표현할 수도 있으며 상대적인 사회적 지위, 기업 내 지위, 젠더를 나타낼 수도 있다. 이런 메시지는 고개를 숙이는 깊이, 손의 위치(앞에 두느냐, 옆에 두느냐), 고개 숙이는 횟수, 누가 먼저 인사하는지 등에 따라 미묘하게 달라진다.

'아니오' 이해하기

화합을 중요하게 생각하는 일본인들은 참여자들이 다 같이 동의할 수 있는 대화를 좋아한다. 그렇다보니 논쟁이 될 만한 주제는 애초에 피한다. 혹시 거절을 해야 하는 상황에서도 간접적으로 표현하다보니 일본에 처음 온 사람에게는 우물쭈물하는 모습, 숨 쉬기, 머리 움직임, 널리 사용되는 '솔직히 말해서' 또는 '어려울 것 같다' 같은 표현을 읽어내는 것이 어려울 수 있다. 일본어로 '아니오(이이에)'라는 말은 귀에 거슬리는 소리이며 거의 사용하지도 않는다. 대신 사람들은 '글쎄, 아마도(카모 시레마셍)'라고 하거나 잠시 말을 멈추는 기술을 쓴다. 아무 대답을 하지 않는 것이 대개 '아니오'를 뜻하는 것이듯 말을 잠시 멈추는 것도 '아니오'와 대등한 것이다. 편지, 팩스, 이메일에 회신을 하지 않는 것은 가장 적응하기 힘든 일본인의 행동 중 하나다. 당신이 잘 안다고 믿었던 누군가가 이런 행동을 하면 특히나 받아들이기가 더 어려울 수 있다. 일단 어느 선을 넘으면 끈질기게 요구하는 것도 아무 소용없으며 그냥 다른 문제로 넘어가는 것이 최선이다. 같은 맥락에서 당신도 기계적으로 '네'라고 대답하는 것을 조심해야 한다.

· 침묵의 소리 ·

일본인은 침묵을 사랑하며 실제로 그것으로 '의사소통'을 한다. 서양인들은 침묵을 겁내는 경향이 있으며 본능적으로 그 빈자리를 채우려 하는데 말이다. 그러므로 회의나 공식적인 대화 자리에서 '잠시 동안의 침묵'은 생각과 반성의 시간, 우아한 방식으로 다른 주제로 넘어가는 기회 등으로 당연하게 여겨야 한다. 무엇보다 '잠시 동안의 침묵'을 농담이나 재미있는 말로 깨서는 안 된다!

이미 알고 지내던 일본인과 대화를 하다가도 아무런 특별한 이유 없이 갑자기 대화가 중단되면서 '침묵'이 찾아올 수 있다. 당신이 마지막으로 한 말에 어떻게 반응해야 할지 몰라서 그럴 수도 있고, 내심 반응하기가 너무 힘들어서 그럴 수도 있다. 이때는 굳이 침묵에 관해 묻거나 따지는 것은 시간 낭비이니 다른 주제로 전환하는 것이 좋다.

외국인의 성격적 특징이나 기대치에 대해 잘 아는 일본인의 숫자도 점점 늘어나고 있다는 것을 기억하라. 특히나 그들은 서양식 '직접적인 접근법'에 대해 잘 알고 있기에 당신이 사업도 그런 식으로 잘 해결되리라 믿게 만들 수도 있다. 그러나 실상은 그렇지 않을 수 있다. 일본인 동료나 사업 파트너와 '일

대일' 관계에서는 긍정적이지만, 그런 행동은 그저 서양식 행동을 교육으로 배운 것일 뿐이라는 사실을 기억해야 한다. 반대로 당신이 아무리 일본어를 잘한다 해도, 아무리 당신이 일본을 잘 '안다'해도, 당신은 일본인이 아니라는 단순한 이유 때문에 늘 아웃사이더로 인식될 것이다.

'네' 이해하기

마찬가지로 일본어에서 '네(하이)'라는 단어의 의미를 이해하는 것도 매우 중요하다. 대부분의 하이는 이야기를 들을 때 추임새로 사용하며 단순히 '네, 당신 이야기 듣고 있어요'를 의미한다. 때로는 강한 수긍의 의미로 '하이, 하이'를 사용하기도 한다. 그러나 질문에 대한 대답으로서 하이는 사용할 가능성이 거의 없다. 예를 들어 정확하게 그 거래가 어떤 내용인지 덧붙여서 말하지 않으면서 그저 '자, 그럼 거래에 동의한 거죠?'라고 묻는다면, 그때 나오는 '하이'는 정확한 대답일 리 없다는 것이다.

· 의사소통 이야기 ·

동아시아 담당 새로운 마케팅 이사는 피드백이 필요해서 일본 에이전트에게 전화를 했다. "여어, 코지, 일은 잘 되어가나요?" 이사가 인사했다. 코지는 머뭇거리더니 아무 문제없다고 대답했다. 마케팅 이사는 그에게 새로운 생산 라인에 대해 어떻게 생각하는지 물었다. 코지는 대답하지 않았다. 오랜 침묵이 이어졌다. 당황한 이사는 코지에게 의견을 재차 물었다. 코지는 대답은 하지 않고 이사에게 제품 사양에 대해 질문했다. 마케팅 이사는 그를 압박했다. "당신 의견이 궁금하다고요." 코지는 미안한 듯이 그리고 마지못해 자신이 들었던 제품의 비평을 털어놓았다. 마케팅 이사는 자기가 모든 걸 다 잘못 처리했다는 불만스러운 기분으로 대화를 끝냈다.

앞서 보았듯이 일본인들은 대개 자신의 개인적인 생각을 말하기보다는 여럿이서 토론을 한 후의 종합적인 의견을 전하는 것을 좋아한다. 더군다나 낯선 사람에게 전화상으로 말하는 것은 더더욱 꺼린다. 피드백은 깊이 숙고한 끝에 나온 것, 종합적으로 검토한 것이며, 무엇보다 다수가 대체로 합의한 내용이다. 그러므로 당연히 피드백은 즉각적이거나 개인적인 것과는 거리가 멀다. 일본인 에이전트는 당황했기 때문에 그리고 그런 상황을 만든 마케팅 이사 때문에 아마도 굉장히 면목이 없었을 것이다. 마케팅 이사가 좀더 경력 있는 사람이었다면 아마도 다음과 같이 행동했을 것이다.

· 친근함을 유지하면서도 좀 더 상대를 존중하고 신중하게 행동했을 것이다.

- 즉각적인 의견을 요구하기보다는 제품 피드백을 받는 것이 중요하다는 신호를 보냈을 것이다.
- 코지상이 제품을 더 자세히 시험해볼 기회가 있었더라도 개인보다는 팀의 의견을 더 존중한다고 말했을 것이다.

이렇게 행동했다면 마케팅 이사는 불과 며칠 내로 궁금했던 대답을 들을 수 있을 것이다!

합의

앞서 보았듯 일본인들은 화합(와)을 굉장히 소중하게 생각하며, 본능적으로 집단 내 개인보다는 대의를 추구하는 집단과의 합의를 도출하려 한다. 그러므로 사전 교섭(네마와시)과 의견 묻기(링기쇼)는 일본 사회 전반에서 일상적인 과정이다. 특히 비즈니스나 정치에서는 더더욱 그러하다. 그러므로 기업에서 어떤 합의를 낼 때는 서양에 비해 훨씬 많은 시간이 소요된다. 다른 부서와 동료들과도 협의해야 하기 때문이다. 물론 더 작은 회사라면 다를 수 있다.

하지만 일본에서의 일 처리는 결론에 다다르기까지는 많은 시간이 걸린다 해도 그 실행은 놀랍도록 빠르다. 그래서 보통 회의나 최초 현장 조사 방문 때 다양한 직급의 경영진과 기술진이 참석한다. 어떤 결정의 진행에 관여하는 모든 직급이 의견 묻기(링기쇼) 과정에도 모두 참여해야 하기 때문이다.

이런 접근에도 분명한 단점이 있다. 특히 국제무대에서 특정한 사안에 대한 투표가 필요한 날에 그러하다(심지어 비밀스러운 밀실 합의의 경우에도 마찬가지다!). 그래서 국제 연합에서나 학술 대회에서나 투표는 자기들끼리 논쟁을 한 이후에나 가능하다.

불공평한 파트너십: 미리 알고 있어야 할 교훈

지난 20여년 넘는 시간 동안 기존 일본 회사에 투자를 함으로써 일본에 발판을 마련하려고 시도했던 외국 기업은 무척 많았다. 그들의 주주 지분은 이론적으로 이사회에 임명되기에 충분했기에, 그들은 기업 방향, 특히 주주의 수익에 대한 결정을 내리기 시작했다. 일본 회사의 주식이 저평가되어 있고 배당금이 거의 존재하지 않는다고 생각했기 때문이다. 그러나 놀랍게도 그들은 계속해서 이사회의 의석을 거부당했다. 그 무엇보다 수익을 가장 중요시하는 서양 정신은 이미 확고하게 자리 잡은 일본 기업 구조에 받아들여지지 않았으며, 근본적으로 사회적 화합을 중요시하는 그들의 신념과 충돌했다. 그리하여 기업의 현상 유지에 도전하거나 지장을 주는 것, 현지 일본 직원에게 부정적인 결과를 초래할 수 있는 것은 무엇이든 기피하는 경향이 있다.

그 외 주의사항

- '나' 대신 '우리'를 사용한다. 와레와레니혼진(우리 일본인)이라는 표현을 종종 듣게 될 것이다. 일본은 '나 중심' 문화가 아니며 처음부터 그 사실을 인정하는 것이 최선이다.
- 체면이 깎이거나 그 결과로 당황할 만한 상황을 피하라.
- 즉각적인 거절은 피하라. 제안에 대해 생각할 시간을 갖고 '좀 더 알아보겠다' 또는 '더 심도 있게 논의할 때를 기다리겠다' 등의 표현을 쓰자.

- 상대와 정면으로 맞서거나 빨리 결정을 내리라고 강요하면 안 된다. 화를 내는 것도 금물이다(자존감이 부족해 보이며 체면이 깎일 수 있다).

- 가능하다면 언제나 간접적인 접근법을 사용하라. 일본인들은 간접적인 표현을 편하게 여긴다.

- 일본인들은 굉장히 시각적인 사람들이다. 그러니 도움이 될 것 같으면 늘 도표를 준비하자.

- 절제된 보디랭귀지가 더 좋다. 흥분해서 요란스러운 몸짓을 한다거나 신체 접촉(근무 후가 아니라면 접촉 금지!)을 하지 마라. 시끄럽게 감정을 분출하는 것도 금지다.

- 습관적으로 눈을 맞추려고 하지 마라. 다른 부분에서와 마찬가지로 직접적인 접근은 피하자.

- 즐거운 밤 시간을 보냈다 해도 다음 날 아침 회사에서까지 그 기분을 이어가려 하지 마라. 어제 일은 없었던 것이다. 일본인들의 마음은 일할 때와 놀 때의 구획이 잘되어 있어서 '6시 이후'에 일어났던 일들은 다음 날이 되면 이미 존재하지 않는 것이다! 즐거운 시간을 보낼수록 일본인들은 더 잘 잊는다!

- 당신은 외국인이므로 회사 규정은 일본인 직원에게만 적용

되는 거라고 생각하지 마라. 가령 수당을 받을 때도 당신이 회사 전체 통합을 위해 얼마나 노력했느냐에 비례해서 은행 잔고가 달라질 수 있다. 이는 언어를 배울 때도 마찬가지로 적용된다.

• 국외에 거주하는 일본인과 친해졌을 때는 그가 일본으로 돌아간 후에도 그 우정이 이어질 것이라고 기대하지 마라. 일반적으로 고향에 돌아간 일본인은 일본 사회에 재흡수될 뿐만 아니라 본인 스스로 자신의 위치를 재조정한다. 그리고 이 과정은 때로 매우 힘들 수도 있다. 물론 당신은 우정을 이어나가기 위해 편지, 이메일 등으로 연락하며 가능한 모든 노력을 기울이고 싶을지 모르겠다. 하지만 그런 노력이 소용이 없다면, 바로 이런 이유 때문일 것이다.

• 일본인과 관계를 맺는 법 : 무역 업무에서 얻은 통찰력 •

실제로 무역 업무를 맡았던 사람들은 일본인의 입장에서 무엇이 필요한지 이해했을 때 빨리 성공할 수 있었다고 말한다.

• 비즈니스에서도 밀접한 개인 관계가 얼마나 중요한지 깨닫고 문서로 된 계약서에만 의존하지 않도록 하자.
• 일본 고객이 하는 불평은 배우는 기회로 이용할 수 있으니 긍정적인 마음으로 응대하도록 하자.
• 불평보다는 침묵을 부정적 의미로 이해해야 한다. 일본인의 입장에서는 침묵이 개선하려는 시도조차 포기했다는 의미이기 때문이다.
• 사업상 논의에서 '오후 5시 이후'의 중요성을 이해하라. 왜냐하면 그 시간 이후에는 아사히나 기린 맥주가 일본 비즈니스 생활에서 가장 중요한 역할을 하기 때문이다.

10

언어와 의사소통

일본어 구어를 조금만이라도 공부하면 일본 방문이나 생활이 훨씬 쉬워진다. 게다가 일본인들은 자국 언어를 배우려고 노력하는 외국인에게는 누구나 친절하게 응대한다. 솔직히 가장 간단한 일상 대화 정도만 익히려고 노력해도, 일본인들이 보여주는 긍정적인 효과나 실질적인 성과의 측면에서 생각하면 노력에 비해 훨씬 큰 이득을 얻을 수 있다.

대중적인 일본 표현 '간바테 구다사이'('최선을 다해!' 또는 '한번 해 봐!')는 일본어에 대해 언급할 때 특히나 딱 맞는 표현이다. 일본어는 완전히 통달하기 어려운 언어일 수 있지만, 현재 세계에서 가장 중요한 현대어 중 하나로 인식되고 있다. 일본어 구어를 조금만이라도 공부하면 일본 방문이나 생활이 훨씬 쉬워질 것이다. 게다가 일본인들은 자국 언어를 배우려고 노력하는 외국인에게는 누구나 친절하게 응대한다. 솔직히 가장 간단한 일상 대화 정도만 익히려고 노력해도, 일본인들이 보여주는 긍정적인 효과나 실질적인 성과의 측면에서 생각하면 노력에 비해 훨씬 큰 이득을 얻을 수 있다. 물론 일본어 한마디 하지 않고도 대도시에서 충분히 살 수 있다.

게다가 일본에는 1억 2,700만 명 이상이 살 뿐만 아니라 일본인이 정착한 곳이라면 어느 곳에서라도 일본어를 사용한다. 북미나 남미(일본 외 가장 일본인 수가 많은 곳이 브라질이다), 하와이, 중국 등 전 세계에 300만 명 정도의 일본인이 퍼져 있다. 여기에는 미국, 영국, 오스트레일리아, 뉴질랜드 등에서 공부하는 학생들도 포함되어 있는데, 때로는 그런 학생들을 위한 일본어 수업이 커리큘럼에 들어가기도 한다.

일본의 성인 문해력과 산술 능력은 세계에서 가장 높다. 어떻게 이것이 가능했을까? 많은 이들이 엄격한 교육 시스템을 원인으로 꼽는다. 아직도 무턱대고 암기하는 것이 가장 기본적인 교수법으로 사용되고 있으며 'Three R's' (읽기, 쓰기, 셈)가 커리큘럼에서 가장 중요한 부분을 차지하고 있다. 하지만 언어를 배우는 것은 확실히 지능과 기억력 모두를 증진시킨다는 면에서 그 자체로 가장 중요한 요소다.

언어의 구조

일본어 문자는 표의문자인 한자와 음절 문자 체계로도 알려진 두 가지 표음 '속기'법, 즉 가타카나와 히라가나를 섞어서 사용한다. 가타카나와 히라가나는 한자에서 파생되었으며 각각 46개의 기호를 포함하고 있다. 가타카나는 외국어 이름과 외래어를 쓸 때 사용하며, 히라가나는 철도 표지판, 때로는 메뉴판 등에서 볼 수 있다. 로마자도 사용한다. 통상적으로 사용되는 한자의 수는 거의 2,000개다. 이는 중등학교 저학년이 끝날 때까지 완전히 다 익혀야 한다. 의무 교육은 15세에 끝나지만 실제로 거의 모든 중학생(95%)이 고등학교에 진학해 3년을 공부한다. 두 가지 음절 문자 체계는 당연히 학교에서 다 가르친다. 아라비아 숫자뿐만 아니라 붓과 펜으로 글씨를 쓰는 것

・ 철도 표지판 읽기 ・

일반적인 철도 표지판에는 역의 이름이 다양한 문자(아직 한자를 깨우치지 못한 젊은이를 포함해 일본어를 읽지 못하는 외국인까지 고려)로 표시되어 있다. 보통 한자 위에는 히라가나, 한자 아래에는 로마자가 쓰여 있다. 가장 아래에 한자와 함께 왼쪽과 오른쪽을 향해 있는 화살표는 이전 역 이름과 다음 역 이름을 가리킨다.

도 교육 과정에 포함되는데, 이는 특히 초등학교에서 상당한 시간이 소요되는 커리큘럼이다.

일본어는 어떤 언어 가계도 안에도 쉽게 들어맞지 않는다. 한편으로는 한국어, 중앙아시아 언어와 문법적 관련성이 있지만, 또 한편으로 글자로 적었을 때는 몇몇 폴레네시아 언어와 상당히 유사하다. 사실 일본어의 기원에 대한 가장 흥미진진한 이론 중 하나는 중앙아시아 언어를 폴리네시아 발음으로 읽은 것이라는 것이다.

많은 일본어 한자의 기원이 되는 중국어에 복잡한 성조가 있는 것과 달리 일본어는 굴절어가 아니며 따라서 초급자도 발음하기가 상대적으로 쉽다. 그러나 당신이 배우게 될 모든 일본어 단어는 '오로지 하나'뿐인 어휘다. 일본어는 위에서 아래, 오른쪽에서 왼쪽으로 세로로 쓰기 때문에 머리를 90도 회전하지 않고도 서점 선반에 꽂힌 책 제목을 쉽게 읽을 수 있다! 그리고 당연히 일본어 책은 말 그대로 '뒤에서 앞으로(왼쪽 페이지에서 오른쪽 페이지로)' 읽는다!

그러므로 일본어를 배우는 데 지름길은 없다. 언어를 통달하기 위해서는 매일매일 꾸준한 공부와 몇 년간의 복습이 필요할 뿐이다. 대략 6개월 이상 열심히 전념하면 '생존' 일본어

(말하기와 독해 두 가지 다)를 깨우칠 수 있다고 보는 게 일반적이다. 그리고 일본어는 영어에서 유래한 외래어를 매우 많이 사용한다.

결론

하나의 현상을 가리켜 거기에 그 나라의 본질이 압축되어 있다고 말할 수는 없다. 특히나 일본처럼 복잡한 문화가 있는 경우에는 더욱 그러하다. 하지만 다양한 옵션을 시도해보는 것은 재미있다. 일본의 생활 방식은 집단주의, 전원 합의 위주의 철학으로 설명할 수 있으며, 개인적인 관계 맺기와 사회적 교류를 지배하는 수많은 다양한 프로토콜이 이를 뒷받침해준다.

우리는 일본의 독특한 예술 문화도 살펴보았고, 놀라운 방식으로 과거와 현재가 공존하는 모습도 보았으며, 자연 세계가 현대 생활에 계속해서 영향을 끼치는 모습도 확인했다.

이런 일본의 특징은 17음절 형식의 일본 시, 하이쿠에서 그대로 드러난다. 이 특별한 형식의 시 대가로는 1694년 사망한 마츠오 바쇼가 있다. 자연 세계에 뿌리를 둔 하이쿠는 일본인들이 보편적으로 즐기는 것이며, 매년 수많은 하이쿠 행사와 경연을 통해 점점 더 많은 사랑을 받고 있다. 아래는 바쇼의 가장 유명한 하이쿠 중 하나다.

고요한 연못
개구리 뛰어드는
물소리 '퐁당'!

芭蕉之像

七編

카츠시카 호쿠사이가 그린 마쓰오 바쇼의 초상화

유용한 앱

[여행]

JNTO The Official Japan Travel 일본정부관광국이 개발한 앱으로 유용한 기능을 많이 갖추고 있는데, 그중에서도 내비게이션 툴이 가장 중요하다. A 지역에서 B 지역으로 가는 가장 최적의 길을 실시간으로 알려준다. 여행 일정표를 짤 때, 숙소를 구할 때, 최신 뉴스나 여행경보를 파악할 때도 이용할 수 있다.

NAVITIME 다양한 교통편의 스케줄과 가격을 알아볼 수 있다. 가장 가까운 와이파이, 핫스팟, 현금 인출기, 환전 가능한 곳의 데이터베이스도 갖추고 있다.

JapanTaxi 차량 호출 앱이다. 다양한 지역 택시 회사를 위한 플랫폼으로 운영되기에 대도시에서 더욱 유용하다. Uber도 사용할 수 있으나 서비스가 제한적이다.

[음식]

GuruNavi 가까운 음식점을 찾고, 리뷰를 읽고, 예약할 때 유용한다. 언어는 영어이다.

Tablelog 음식점 앱이다. 현재 영어 앱은 일본어 앱만큼 정보가 광범위하지 않다.

Sushi Dictionary 스시 메뉴를 읽고 이해하고 싶을 때 유용한다. 150개 이상의 스시에 대한 설명과 일본어 이름을 제공하며, 주문을 도와줄 정확한 오디오와 이미지도 포함하고 있다.

그 밖에 온라인 음식 배달 플랫폼으로 UberEATS, Maishoku, Rakuten Deliver, FineDine이 있다. 앱과 지역에 따라 최소 주문 요금과 배달비는 달라지며, 도쿄 외의 지역에서도 사용이 가능하다. 대부분의 플랫폼이 배달 시 신용카드 결제, 현금 결제를 지원한다.

[소셜 네트워크와 커뮤니케이션]

Line 일본에서 가장 인기 있는 메신저 앱이며 현지 친구, 친지, 사업 파트너와 연락을 할 때 유용하게 쓸 수 있다. 휴대폰을 함께 두드리기만 해도 연락처가 추가된다.

일본 내 온라인 데이팅 앱 인기가 커져가고 있다. 가장 널리 이용되는 앱은 Pair, tapple, Tinder, Happy Mail이 있다.

[쇼핑]

일본은 전자상거래 시장이 매우 다양하며 성황을 이루고 있다. 라쿠텐(Rakuten)과 아마존재팬(Amazon Japan)이 가장 인기 있다. 이 외에도 iQon, Origami, 중고품을 전문으로 하는 메루카리(Mercari)가 있다.

참고문헌

DK Eyewitness Travel: *Japan*. London: DK, 2019.

Goto-Jones, Christopher. *Modern Japan*. Oxford: Oxford University Press, 2010.

Hendry, J. *Understanding Japanese Society*. London & New York: Routledge, 2012, 4th edition.

Jansen, Marius B. *The Making of Modern Japan*. Cambridge, MA: Harvard University Press, 2002.

Kimura, Harumi (ed.). *Living Japan: Essays on Everyday Life in Contemporary Society*. Folkestone, Kent: Global Oriental, 2009.

Pilling, David. *Bending Adversity: Japan and the Art of Survival*. London: Allen Lane, 2014.

Rogers, Hiromi T. *Anjin: The Life and Times of Samurai William Adams, 1564–1620. As Seen Through Japanese Eyes*. Folkestone, Kent: Renaissance Books, 2016.

Rough Guides, *The Rough Guide to Tokyo*. London: Penguin Books, 2017.

Walker, Benedict. *Lonely Planet Best of Japan*. London: Lonely Planet, 2019.

Language Guides

http://www.japanvisitor.com/japanese-culture/language/lang-basic-japanese

Akiyama, Nobuo, and Carol Akiyama. *Japanese At A Glance*. New York: Barron's Educational Series Inc., 2017.

Henshall, Kenneth, and Tetsuo Takagaki. *Learning Japanese Hiragana and Katakana*. North Clarendon, VT: Tuttle Publishing, 2014.

Ogawa, Junko, *Colloquial Japanese: The Complete Course for Beginners*. London and New York: Routledge, 2015.

Trombley, George, and Yukari Takenaka. *Japanese From Zero*, Books 1–3. Henderson, NV: From Zero LLC, 2014.

지은이

폴 노버리

폴 노버리는 1970년대 초반부터 출판업자, 편집자, 작가로서 일본과 동아시아 연구에 깊이 관여해 왔다. 특히 폴 노버리 출판사, 일본 대학도서관, 글로벌 오리엔탈, 그리고 가장 최근에는 르네상스 북스에서 다양한 출판물을 출간했다. 2003년에는 일본 소사이어티 어워드, 2011년에는 일본 정부가 수여하는 디 오더 오브 라이징 선, 2013년에는 사하, 야쿠티아 공화국, 러시아연방이 수여하는 디 오더 오브 시빅 버츄를 수상했다.

옮긴이

윤영

서울대학교 미학과를 졸업하고 같은 대학원에서 고고미술사학과를 수료했다. 현재 번역 에이전시 엔터스코리아에서 번역가로 활동 중이다. 옮긴 책으로는 『세계 문화 여행_일본』, 『세계 문화 여행_홍콩』, 『세계 문화 여행_중국(공역)』, 『세상의 끝에서 에덴을 발견하다』, 『사랑해, 나는 길들여지지 않아』, 『혼자서 떠나보겠습니다』, 『누가 뭐래도 해피엔딩』, 『그림 그리기는 즐겁죠』, 『The Art of 인크레더블2』, 『너에게 말해 주고 싶어』 등 다수가 있다.

세계 문화 여행 시리즈

**세계의 풍습과 문화가 궁금한
이들을 위한 필수 안내서**

세계 문화 여행_그리스

콘스타인 부르하이어 지음 | 임소연 옮김 | 248쪽

세계 문화 여행_네덜란드

세릴 버클랜드 지음 | 임소연 옮김 | 226쪽

세계 문화 여행_노르웨이

린다 마치, 마고 메이어 지음 | 이윤정 옮김 | 228쪽

세계 문화 여행_뉴질랜드

수 버틀러, 릴야나 오르톨야.베어드 지음 | 박수철 옮김 | 224쪽

세계 문화 여행_덴마크

마크 살몬 지음 | 허보미 옮김 | 206쪽

세계 문화 여행_독일

배리 토말린 지음 | 박수철 옮김 | 242쪽

세계 문화 여행_라오스

나다 마타스 런퀴스트 지음 | 오정민 옮김 | 236쪽

세계 문화 여행_러시아

안나 킹, 그레이스 커디히 지음 | 이현숙 옮김 | 266쪽

세계 문화 여행_멕시코 (개정판)

러셀 매딕스 지음 | 이정아 옮김 | 266쪽

세계 문화 여행_모로코

질리안 요크 지음 | 정혜영 옮김 | 218쪽

세계 문화 여행_몽골

앨런 샌더스 지음 | 김수진 옮김 | 268쪽

세계 문화 여행_베트남 (개정판)

제프리 머레이 지음 | 정용숙 옮김 | 242쪽

세계 문화 여행_벨기에

버나뎃 마리아 바르가 지음 | 심태은 옮김 | 242쪽

세계 문화 여행_스웨덴

닐 시플리 지음 | 정혜영 옮김 | 250쪽

세계 문화 여행_스위스 (개정판)

켄들 헌터 지음 | 박수철 옮김 | 238쪽

세계 문화 여행_스페인 (개정판)

메리언 미니, 벨렌 아과도 비게르 지음 | 김수진 옮김 | 274쪽

세계 문화 여행_싱가포르

앤절라 밀리건, 트리시아 부트 지음 | 조유미 옮김 | 210쪽

세계 문화 여행_아랍에미리트

제시카 힐, 존 월시 지음 | 조유미 옮김 | 208쪽

세계 문화 여행_아이슬란드

토르게이어 프레이르 스베인손 지음 | 권은현 옮김 | 228쪽

세계 문화 여행_에티오피아

세라 하워드 지음 | 김경애 옮김 | 264쪽(예정)

세계 문화 여행_오스트리아

피터 기에라 지음 | 임소연 옮김 | 232쪽

세계 문화 여행_이스라엘 (개정판)

제프리 게리, 메리언 르보 지음 | 이정아 옮김 | 248쪽

세계 문화 여행_이탈리아 (개정판)

배리 토말린 지음 | 임소연 옮김 | 272쪽

세계 문화 여행_중국 (개정판)

케이시 플라워 외 지음 | 임소연 외 옮김 | 266쪽

세계 문화 여행_체코

케반 보글러 지음 | 심태은 옮김 | 258쪽

세계 문화 여행_쿠바

맨디 맥도날드, 러셀 매딕스 지음 | 임소연 옮김 | 254쪽

세계 문화 여행_태국

J. 로더레이 지음 | 김문주 옮김 | 254쪽

세계 문화 여행_튀르키예

샬럿 맥퍼슨 지음 | 박수철 옮김 | 268쪽

세계 문화 여행_포르투갈

샌디 구에데스 드 케이로스 지음 | 이정아 옮김 | 212쪽

세계 문화 여행_프랑스

배리 토말린 지음 | 김경애 옮김 | 252쪽

세계 문화 여행_핀란드

테르투 레니, 엘레나 배럿 지음 | 권은현 옮김 | 236쪽

세계 문화 여행_필리핀

그레이엄 콜린 존스 외 지음 | 한성희 옮김 | 244쪽

세계 문화 여행_헝가리

브라이언 맥린, 케스터 에디 지음 | 박수철 옮김 | 256쪽

세계 문화 여행_홍콩

클레어 비커스, 비키 챈 지음 | 윤영 옮김 | 232쪽

매체	NHK(일본 방송 공사)가 일본 공영 방송 회사다.	〈요미우리〉, 〈아사히〉, 〈마이니치〉, 〈니혼 케이자이〉, 〈산케이〉 등 일간 신문이 100개 이상 있다.
영어를 사용하는 매체	영자 신문(인쇄와 온라인)에는 다음이 있다. 〈The Japan Times〉, 〈Mainichi〉, 〈Japan Today〉, 〈The Japan News〉, 〈International New York Times〉	
전압	100 & 200 볼트(도쿄 같은 동부는 50Hz, 나고야, 교토, 오사카 포함 서부는 60Hz)	플러그는 납작한 2핀, 어댑터 필요
비디오 TV	NTSC 525 라인 시스템	
인터넷 도메인	.jp	
전화	국가번호는 81	국제 전화 걸 때 코드는 제공자에 따라 달라진다: KDD는 001, ITJ는 0041, IDC는 0061.
시간대	우리나라 표준시는 일본 표준시와 동일하게 사용하기 때문에 시차가 없음	

기본 정보

공식 명칭	Japan	니폰(Nippon)
수도	도쿄	도쿄 23구의 인구는 약 926만 명
주요 도시	오사카, 나고야, 고베, 요코하마, 후쿠오카, 삿포로	
면적	37만 2,079㎢ (남한의 약 3.8배)	
기후	온대 습윤	
통화	엔(JPY)	지폐 : 10000, 5000, 1000엔 동전 : 500, 100, 10, 5, 1엔
인구	1억 2,600만 명	
민족 구성	약 98.5% 일본인, 약 1.5% 그 외	그 외 주요 국적: 한국, 중국, 브라질
가족 구성	평균 가족 구성원 2.62명, 출산율: 1.43	여론 조사에 따르면, 80% 이상의 일본인은 자신을 중산층으로 생각한다.
언어	일본어	
종교	국교는 없으며, 대부분의 일본인이 신도와 불교신자.	기독교인 1.5%. 신흥 종교에 관심 증가
정부	일본은 입헌군주국이다. (20세 이상) 보통선거권, 성문 헌법이 있으며, 상원과 하원(하원 의원 511석, 상원 의원 252석, 둘 다 선출직)을 가진 의회민주주의다. 의회는 국회(National Diet)로 알려져 있다. 1946년 헌법에 따르면 천황은 '나라의 상징이자 국민 통합의 상징'이다. 일본에는 47개 현이 있으며 현지사, 시장, 읍장, 촌장 모두 선출직이다.	

모두 전체 인구는 감소하지만 노령 인구는 급속도로 늘어가는 상황 속에서 일어나고 있다.

그럼에도 아베의 정치적 선전과 상관없이 일본의 민주주의의 토대는 군건하다. 게다가 일본은 경제 규모가 세계에서 세 번째로 크며 여전히 가장 매력적이고 안전한 투자지 중 하나로 손꼽힌다. 기술 혁신과 '신'과학에서도 꾸준히 두각을 나타내고 있으며 GDP 대비 세계 최고 수준의 투자자이기도 하다.

2019년 5월 나루히토 왕세자가 천왕이 되면서 일본은 '신일본' 그리고 새로운 낙관론을 내세우며 새 시대를 열었다. '레이와'라는 연호는 '행운'과 '화합'이라는 두 한자를 결합했다는 점에서 의미심장하다. 비록 코로나 바이러스와 관련된 제한은 있었지만, 2019년에는 럭비 월드컵, 2021년에는 올림픽 게임 주최는 일본이 다시 세계의 주목을 받는 데 일조했다.

이 책은 변하는 일본의 사회적·문화적 미로에 빠진 당신에게 길을 안내해줄 것이다. 당신이 사람들의 태도나 행동에 대한 정보와 통찰력을 얻고, 이 복잡하고 화려하며 역동적인 사회에서 아름다움과 매력을 발견할 수 있도록 현실적인 조언을 통해 도와줄 것이다.

등이다. 또한 일본인은 자신들이 원래부터 '독특하다'고 생각하는데, 방문객이라면 이 점 역시 미리 알아두어야 할 것이다. 일본은 생활하기에 무척 쾌적하고 안전한 나라 중 하나이다. 최고의 의료 기반 시설을 갖추고 있으며, 기대 수명 역시 세계에서 가장 높다(평균 85.8세).

일본은 크게 보면 의견 일치에 기반을 둔 사회이지만, 일본인의 천재성과 엉뚱함이 예상치 못한 개인주의 요소를 드러내기도 한다. 가장 중요한 것은 문학, 미술과 공예, 정원과 건축, 디자인, 기술 등 모든 분야에서 일본인들의 타고난 미적 감수성이 드러난다는 점이다. 그러나 여기에는 놀라운 역설이 있다. 일본 대도시가 일본 본래의 아름다움을 해치며 추한 모습으로 번져가고 있기에 방문객들은 마음의 준비가 필요하다는 점이다!

최근 경제 성장의 위기에 대한 염려, 또는 다른 산업화된 국가와 함께 고민하는 안전과 기후 변화 관련 문제 등은 뒤로하고, 현재 일본은 다른 쟁점에 더욱 몰두하고 있는 중이다. 바로 아베 신조 총리가 내세운 정부의 '현대화'와 관련된 이슈, 즉 국가적 자존심과 경제, 세계 속에서의 일본의 역할 등을 '복구'하는 데 주력하고 있는 것이다. 그리고 이러한 노력은 일본은 종종 우리와는 전혀 다른 생활을 하는 '머나먼' 나라로 여겨진다. 그리고 실제로도 어느 정도는 사실이다. 예를 들어 일본에서는 다른 어느 집단에서도 쓰지 않는 고유의 언어를 사용하며 '신도'라는 독특한 종교도 있다. 하지만 편리해진 해외여행, 세계 무역과 인터넷의 영향 등 다양한 원인들로 일본은 규범, 요구, 생활 방식에서 급속도로 '서구화'되어가고 있으며, 일본 젊은이들 역시 이 현실을 반갑게 맞고 있다. 오늘날 일본은 스포츠, 음악, 음식, 패션, 디자인, 로봇 공학, 연구 개발 협력, 해외 원조 등으로 국제무대에 폭넓게 참여하고 있으며, 그 어느 때보다 '소프트 파워'를 내세운 외교를 표방하고 있다. 2020년에는 32회 올림픽을 개최할 예정이다.

그러나 이른바 현대 생활을 추구한다고 해도, 일본의 전통적인 핵심 가치관은 여전히 이어지고 있다. 바로 권리보다는 의무를 강조하는 것, 사회 각층에서 본능적으로 화합을 추구하는 것, 평생 서로서로의 삶, 특히 노인의 삶을 존중하는 것

대중교통 체계	128	의사소통의 측면	197
방문객 그리고 경찰	132	비즈니스에서의 여성	200
		'아니오' 이해하기	204
		'네' 이해하기	206
		합의	208

06 선물 주기

불공평한 파트너십: 미리 알고 있어야 할 교훈

209

어떤 선물이 좋을까?   140

그 외 주의사항   210

07 음식 그리고 음료

10 언어와 의사소통

다도	153	언어의 구조	218
'아름다운' 음식	156	결론	221
생선 요리	159		
사케에 대한 몇 가지	160	· 유용한 앱	224
일본의 요리 재료	163	· 참고문헌	226
외식을 할 때 알아두면 좋은 일본말	164		

08 일본에서 살기

길 찾기	175
일본에서는 아무것도 변하지 않는다	176
입국 요건	178
일상생활	183

09 비즈니스 현황

일본 경제	189
소개받을 때의 중요 사항	192

차   례

- 일본전도   005
- 들어가며   008
- 기본정보   011

01   영토와 국민

위치	015
국토	016
기후와 계절	018
지진	020
쌀과 생선	022
연결된 일본	025
일본인, 그 간략한 역사	026
히로시마 그리고 나가사키	038
재건과 재개	041

02   가치관과 사고방식

나 그리고 우리	056
노동 윤리	057
체면	057
혼네 그리고 다테마에	059
기리	060
하라게이	060
예민함, 조용한 대화, 그리고 거리·공간	061
안 그리고 밖	063
고마움의 표시	064
에티켓	065
외국인에 대한 태도	066

국제화	067
COVID-19	069

03   종교, 관습 그리고 전통

신도	073
신사	080
불교	082
신종교 운동	087
종교와 통과의례	089
전통 문화의 양상	092

04   일본인의 가정생활

일본인의 집 방문하기	099
일본의 목욕	100
대가족의 감소	104
자녀와 가족생활	105

05   여가생활

여가활동	111
사회생활	113
게이샤 그리고 엔터테인먼트 세계	115
여가 그리고 일	118
문화생활	120
스포츠	121
먹고 마시기	124

일본 전 도

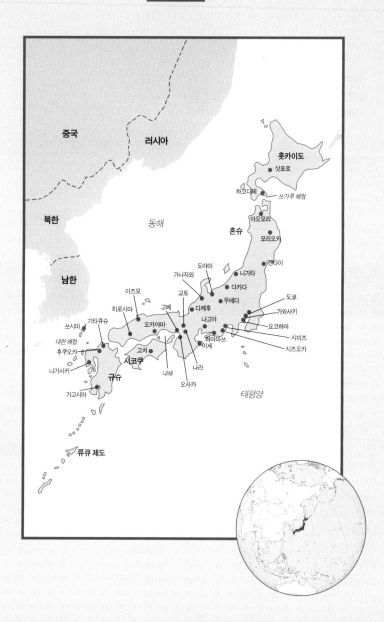

중국

러시아

북한

남한

동해

홋카이도
• 삿포로

하코다테
쓰가루 해협

아오모리

혼슈
모리오카

도야마
니가타
센다이

가나자와
이즈모
교토
다카다
우에다
도쿄

히로시마
고베
다케후
가와사키
요코하마

쓰시마
기타큐슈
오카야마
나고야
시미즈

대한 해협
하마마쓰
시즈오카

후쿠오카
고치
시코쿠
이세

나가사키
나라

규슈
내해

가고시마
오사카

태평양

류큐 제도

세계 문화 여행 _ 일본

발행일 2023년 10월 10일 개정판 1쇄 발행
지은이 폴 누버리
옮긴이 윤영
발행인 강학경
발행처 시그마북스
마케팅 정제용
에디터 최연정, 최윤정, 양수진
디자인 김문배, 강경희

등록번호 제10-965호
주소 서울특별시 영등포구 양평로 22길 21 선유도코오롱디지털타워 A402호
전자우편 sigmabooks@spress.co.kr
홈페이지 http://www.sigmabooks.co.kr
전화 (02) 2062-5288~9
팩시밀리 (02) 323-4197
ISBN 979-11-6862-160-2 (04900)
      978-89-8445-911-3 (세트)

일본

J A P A N

폴 노버리 지음 | 윤영 옮김

세계의 **풍습과 문화**가
궁금한 이들을 위한
필수 안내서

시그마북스
Sigma Books

일본

JAPAN